BAUHERRENPREIS '17
Zentralvereinigung der ArchitektInnen Österreichs

Architektur im Ringturm
Herausgeber Adolph Stiller

Herausgeber dieses Bandes XLIX
Zentralvereinigung der ArchitektInnen Österreichs

BAUHERRENPREIS '17

Zentralvereinigung der ArchitektInnen Österreichs

müry salzmann

Diese Publikation erscheint anlässlich der gleichnamigen Ausstellung
im Ausstellungszentrum der Vienna Insurance Group AG
Wiener Versicherung Gruppe, 1010 Wien, Schottenring 30
Ausstellungsdauer: 7. Dezember 2017 bis 12. Januar 2018

KURATOR
Adolph Stiller

JURYTEXTE
Franziska Leeb

GESTALTUNG
Haller & Haller

DRUCK
Bösmüller Print Management
Papier: Arctic Volume white
Umschlag: Curious Matter Ibizenca Sand

DANK
Dank an die Leihgeber der Modelle für die Ausstellung

© Abbildungen laut Angaben
© Texte bei den Autoren

Bibliografische Information der Deutschen Nationalbibliothek
Die Deutsche Nationalbibliothek verzeichnet die Publikation in
der Deutschen Nationalbibliografie; detaillierte bibliografische
Daten sind im Internet über http://dnb.ddb.de abrufbar.

© 2017 Müry Salzmann Verlag
Salzburg – Wien

ISBN 978-3-99014-157-1
www.muerysalzmann.at

INHALT

Die Ausstellung zum österreichischen Bauherrenpreis im Rahmen der Reihe *Architektur im Ringturm* des Wiener Städtischen Versicherungsvereins hat bereits Tradition. Zum siebenten Mal in Folge sind alle nominierten Bauten, unter besonderer Hervorhebung der Preisträger, im Ausstellungszentrum im Ringturm zu sehen.

Im Mittelpunkt der Schau stehen die sechs Gewinnerprojekte 2017. Die Hälfte der diesjährigen Preisträger sind klerikale Bauten. Eine intensive Beziehung zur Kirche pflegt auch der Wiener Städtische Versicherungsverein, zu dessen Gründungsmitgliedern im Jahr 1824 unter anderem Vertreter des Klerus zählten. Damals wie heute ist der Wiener Städtische Versicherungsverein der Kirche eng verbunden und unterstützt Restaurierungsarbeiten sowie kulturelle Programme verschiedenster Klöster, um so das reiche sakrale und kulturelle Erbe Österreichs zu bewahren.

Die rund 50 Konzerngesellschaften der Vienna Insurance Group (VIG) realisieren gemeinsam mit namhaften Architektinnen und Architekten zahlreiche herausragende Projekte. In Österreich verwirklicht die Wiener Städtische Versicherung mit Partnern aus Wirtschaft und Politik moderne und innovative Baukonzepte – zum Beispiel die Seestadt Aspern, eines der größten und wohl spannendsten Bauprojekte in Europa, oder auch das Wiener Nordbahnhofviertel.

Seit 1967 wird der österreichische Bauherrenpreis jedes Jahr von der Zentralvereinigung der ArchitektInnen Österreichs vergeben. Er zählt zu den wichtigsten Preisen der hiesigen Architekturszene, und ich freue mich sehr, dass er auch anlässlich seines 50-jährigen Jubiläums im Ringturm zu sehen ist. In diesem Sinne wünsche ich Ihnen alles Gute für 2018 und zugleich viel Freude mit dem vorliegenden Katalog, der auch als Jahrbuch für österreichische Architektur 2017 fungiert.

Dr. Günter Geyer
Vorstandsvorsitzender Wiener Städtische Versicherungsverein

1967: Bildhauer-Unterkünfte, St. Margarethen, Burgenland
Johann Georg Gsteu

1971: Ausstellung Haus-Rucker-Co, Museum des 20. Jahrhunderts, 1030 Wien
Haus-Rucker-Co: Laurids Ortner, Günter Zamp Kelp

1979: Zentralsparkasse Wien, Filiale, Favoritenstraße 118, 1100 Wien
Günther Domenig

1989: Ganztagsschule Köhlergasse, 1180 Wien
Hans Hollein

FÜNFZIG JAHRE BAUHERRENPREIS

1967–2017

Die Baukultur in Österreich wird heute geschätzt und gefördert, das war nicht immer so. Vor fünfzig Jahren wurde der Bauherrenpreis von der ZV Österreich erstmalig ausgelobt, um in allen Bundesländern die Wertschätzung der Zusammenarbeit von ArchitektInnen und BauherrInnen zu stärken. Hans Hollein war einer der Initiatoren dieses Preises, dazu hier ein Zitat: „Hinter jedem realisierten Bauwerk steht nicht nur ein Architekt sondern auch ein Bauherr... Im Idealfall steigern sich die Vision des Architekten und des Bauherrn zu exemplarischen Resultaten." Der Preis selbst ist ideell, der Bauherrenwürfel, ein Entwurf des Architekten und langjährigen Vorstandsmitgliedes Franz Kiener besteht aus einem transparenten Kubus, der von einer Metallsäule stabilisiert wird und zeigt das Zusammenwirken von Geist und Materie! Die feierliche Verleihung würdigt das qualitätsvolle Ergebnis, die gute Zusammenarbeit. Stolze Preisträger präsentieren dieses Objekt gerne in ihren Räumen, denn die Tradition hat die Bedeutung des Bauherrenpreises verfestigt. Inzwischen hat sich zwar die Szene an viele Preise, Würdigungen und anderen öffentlichkeitswirksame Ereignisse gewöhnt – der Würfel bleibt gleich. Präsident Eugen Wörle schrieb 1992: „Architektur ist ein vielschichtiger Prozess und ein wichtiger Bestandteil

unserer gestalteten Umwelt, die wie kein anderer Teil dieser Umwelt dazu bestimmt ist, einfach besseres Leben zu bewirken." Es war in den Sechziger Jahren nicht selbstverständlich, dass Auftraggeber die Rolle des Bauherrn als Dialogpartner, als kreativen Beitrag zum Baugeschehen verstanden. Seit damals haben sich nicht nur die Technologien verändert, das digitale Zeitalter hat auch schon jetzt die Nutzungen und damit die Bauaufgaben beeinflusst. Rudolf Szedenik bereiste 1991 die prämierten Projekte für eine Fotodokumentation, er berichtete: „Die Zeit hinterlässt ihre Zeichen an den Bauten ... Zeichen der Zeit sind auch, wenn die Benutzer nicht mit den Technologien zurande kamen..." Die Liste der ausgewählten Preisträger dokumentiert anspruchsvolle Projekte, auch ungewöhnliche Entscheidungen der Jury. Der Ablauf und die Inhalte haben sich zwar immer wieder verändert, doch erfolgen die Einreichungen freiwillig und die Zusammensetzung der Jury wird jährlich neu vom Vorstand festgelegt. Seit Beschluss des Bundestages 2010 wird auf Wunsch der Präsidentin Marta Schreieck jedes nominierte Projekt von der Jury besichtigt, heute können wir von einer gehobenen Aufmerksamkeit sprechen. Freuen wir uns auf kommende Jahrzehnte, viele interessante Projekte und weiterhin – Bauherrenpreise!

Maria Auböck
Präsidentin der ZV

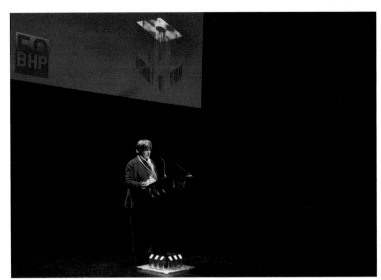

Maria Auböck, Präsidentin der Zentralvereinigung der ArchitektInnen Österreichs

Preisverleihung, 17. November 2017 im Rahmen eines feierlichen Festaktes zum 50-Jahr-Jubiläum im Odeon-Theater, Wien

BAUHERRENPREIS '17

Zentralvereinigung der ArchitektInnen Österreichs

Das Jahr 2017 bringt für die Zentralvereinigung der ArchitektInnen Österreichs zwei Jubiläen mit sich: Zunächst das 110-jährige Bestehen, das sich der Verein zum Anlass genommen hat, sein Archiv zu ordnen und weiterführende Forschungsarbeiten zur Rolle der ZV und der Architektinnen und Architekten in Österreich anzustellen. Zum anderen wurde vor genau 50 Jahren erstmals der Bauherrenpreis vergeben. Es sind die Auftraggeber, die Projekte realisieren, die Impulse setzen und somit Initiatoren von neuen Entwicklungen in Stadt und Land sind. Für fast 300 Projekte jedweden Maßstabs wurde seit 1967 diese Auszeichnung vergeben. In ihrer Gesamtheit geben sie einen vortrefflichen Überblick über das architektonische Schaffen eines halben Jahrhunderts. Sie sind aber auch Spiegelbild gesellschaftlicher Tendenzen und politischer Schwerpunkte. Manches davon ist nicht mehr erhalten, manches bedroht, anderes neu genutzt, sehr viele der ausgezeichneten Bauten sind jedenfalls fixer Bestandteil des Kanons der österreichischen Architekturgeschichte der jüngeren Vergangenheit.

Unsere Umwelt befindet sich in steter Veränderung. Der Klimawandel – vor 50 Jahren noch kein Thema – stellt alle mit dem Planen und Bauen Befassten vor große Herausforderungen, wenn wir die verbindlichen Ziele des Pariser Klimaabkommens erreichen wollen. Laut Umweltbundesamt wurden in unserem Land von 2014 bis 2016 durchschnittlich versiegelte Oberflächen von ca. 14,7 ha pro Tag geschaffen, schattenlos und unbepflanzt. Es geht darum, dass Planer und Behörden auf Augenhöhe intelligente Konzepte für die differenzierten Bauaufgaben in Stadt und Land entwickeln können. Ökologie, Bürger- und Bewohnerpartizipation, Mobilität oder die Qualität des öffentlichen Raumes sind keine völlig neuen Punkte auf der baukulturellen Agenda. Es gibt dafür etliche vorbildhafte Pionierbeispiele schon unter den Bauherrenpreisträgern der 1960er und 1970er Jahre. Sie mögen ebenso wie die heuer gekürten Preisträger als Musterbeispiele für andere Teams aus Bauherren und Planern verschiedenster Disziplinen dienen.

Die Einreichungen und die Nominierungen für den Bauherrenpreis 2017 zeigten erneut die Vielgestaltigkeit der Bauaufgaben und der österreichischen Szene: auch in Zukunft werden Projekte entstehen, die neue Räume der Mobilität bieten, die Bestehendes integrieren, die dem Lebenszyklus von Gebäuden Augenmerk schenken, in vielerlei Hinsicht integrativ wirken und kultivierte Räume für eine hohe Lebensqualität bereitstellen werden.

Ich möchte im Namen des Vorstandes der ZV Wien, NÖ und Burgenland den Nominierungsjurien, der Hauptjury und allen MitarbeiterInnen für Ihren Einsatz danken, ebenso den Sponsoren für die tatkräftige Unterstützung. Die ZV Österreich bedankt sich bei allen Einreichern für Ihr Engagement und gratuliert den Nominierten und den Preisträgern zu ihren außerordentlichen Leistungen.

Maria Auböck
Präsidentin der ZV

NOMINIERUNGEN

NOMINIERUNGSJURIEN IN DEN BUNDESLÄNDERN

WIEN
Roland Gnaiger
Werner Neuwirth
Helena Weber

NIEDERÖSTERREICH
Martin Kiener
Axel Linemayr
Silja Tillner

OBERÖSTERREICH
Tobias Hagleitner
Peter Jungmann
Astrid Tschapeller

BURGENLAND
Maria Auböck
Rudolf Szedenik
Roland Winkler

STEIERMARK
Martin Pilz
Ada Rinderer
Bernd Vlay

KÄRNTEN
Josef Hohensinn
Angela Lambea
Peter Schneider

SALZBURG
Christian Prasser
Iris Reiter
Ute Wimmer-Armellini

TIROL
Markus Geiswinkler
Radek Hála
Heike Schlauch

VORARLBERG
Beat Consoni
Verena Rauch
Walter Schuster

WIEN
Einreichungen 17, Nominierungen 3
Bauherrenpreis 1

Erste Campus
Belvedere 1, 1100 Wien
Bauherrschaft: Erste Group Bank AG, Wien
Architektur: Henke Schreieck Architekten ZT GmbH, Wien
Freiraumplanung: Auböck + Kárász, Wien

HOERBIGER Firmencampus
Seestadtstraße 25, 1220 Wien
Bauherrschaft: HOERBIGER Holding AG, Wien
Architektur: querkraft architekten, Wien
Freiraumplanung: Doris Haidvogl, Wien

Smart Wohnen – Wohnbebauung Hauptbahnhof / Sonnwendviertel II
Alfred-Adler-Straße 12, 1100 Wien
Bauherrschaft: Heimbau Gemeinnützige Bau-, Wohnungs- und Siedlungsgenossenschaft, Wien
Architektur: GEISWINKLER & GEISWINKLER Architekten ZT GmbH, Wien
Freiraumplanung: Auböck + Kárász, Wien

NIEDERÖSTERREICH
Einreichungen 7, Nominierungen 2
Bauherrenpreise 2

Catering Pavillon Wolke 7, Grafenegg
Grafenegg 10, 3485 Grafenegg
Bauherrschaft: Grafenegg Kultur Betriebsges.m.b.H.
Architektur: the next ENTERprise Architects ZT Gmbh, Wien
Freiraumplanung: Land in Sicht, Wien

Evangelische Kirche Mitterbach
Kirchengasse 9, 3224 Mitterbach
Bauherrschaft: Evangelische Pfarrgemeinde Mitterbach
Architektur: Ernst Beneder / Anja Fischer, Wien

OBERÖSTERREICH
Einreichungen 7, Nominierungen 2

Fokus Pfarrheim Sierning
Kirchenplatz 12, 4522 Sierning
Bauherrschaft: Pfarre St. Stephanus Sierning
Architektur: Architekturbüro ARKADE ZT gmbH, Linz

Of(f)n Stüberl Linz
Starhembergstraße 39, 4020 Linz
Bauherrschaft: Evangelische Pfarrgemeinde A. B. Linz – Innere Stadt / Evangelische Stadt-Diakonie Linz
Architektur: URMANN RADLER ZT GmbH, Linz

BURGENLAND
Einreichungen 2, Nominierungen 2

Justizzentrum Eisenstadt
Wiener Straße 9/9a, 7000 Eisenstadt
Bauherrschaft: BIG – Bundesimmobiliengesellschaft m.b.H., Wien
Architektur: YF architekten zt gmbH, Wien

Kirche Neuhaus in der Wart
Untertrum 1, 7511 Neuhaus in der Wart
Bauherrschaft: Pfarre Neuhaus in der Wart, Diözese Eisenstadt Bauamt
Architektur: Doris Dockner Interior Architecture & Artworks, Graz / Tritthart+Herbst Architekten, Graz

STEIERMARK
Einreichungen 15, Nominierungen 3
Bauherrenpreis 1

Basilika und Geistliches Haus, Mariazell
Benedictusplatz 1, 8630 Mariazell
Bauherrschaft: Superiorat Mariazell
Architektur: Feyferlik/Fritzer, Graz

Bildungscampus Algersdorf, Graz
Algersdorferstraße 9, 8020 Graz
Bauherrschaft: GBG Gebäude- und Baumanagement Graz GmbH
Architektur: ARGE Mesnaritsch | Spannberger, Graz

Frauenhaus Graz
Fröhlichgasse 61, 8010 Graz
Bauherrschaft: Abteilung für Immobilien / GBG / Stadtbaudirektion Graz
Architektur: leb.idris architektur, Graz

KÄRNTEN
Einreichungen 8, Nominierungen 3

Fernheizkraftwerk Klagenfurt, Neu- und Umbau Heizzentrale
Pischeldorfer Straße 21, 9020 Klagenfurt
Bauherrschaft: Stadtwerke AG Klagenfurt
Architektur: Architekturbüro Wetschko, Klagenfurt

KASLAB'N Nockberge – Schaukäserei, Radenthein
Mirnockstraße 19, 9545 Radenthein
Bauherrschaft: Kaslab'n Nockberge
Architektur: Hohengasser Wirnsberger, Spittal/Drau

magdas LOKAL, Klagenfurt
Stauderplatz 1, 9020 Klagenfurt
Bauherrschaft: Caritas Kärnten
Architektur: murero_bresciano architekten, Klagenfurt
Freiraumplanung: Bednar Landschaftsarchitektur, Klagenfurt/ murero_bresciano architekten, Klagenfurt

SALZBURG
Einreichungen 8, Nominierungen 3

Probebühne/Werkstätten Salzburger Landestheater
Aignerstraße 54, 5020 Salzburg
Bauherrschaft: Salzburger Landestheater
Architektur: Architekturwerkstatt Zopf, Salzburg

Schneiderei Wimmer, Schleedorf
Dorf 96, 5205 Schleedorf
Bauherrschaft: Stefan und Monika Wimmer
Architektur: LP architektur ZT GmbH, Altenmarkt

Seniorenwohnhaus Sankt Cyriak, Pfarrwerfen
Dorfwerfen 184, 5452 Pfarrwerfen
Bauherrschaft:Gemeindeverband Seniorenwohnhaus Pfarrwerfen/Werfenweng
Architektur: Arch. DI Gerhard Mitterberger ZT GmbH, Graz

TIROL
Einreichungen 9, Nominierungen 2

Dorfkernrevitalisierung Mils
Dorfplatz 1, 6068 Mils
Bauherrschaft: Gemeindebetriebe Mils GmbH
Architektur: DIN A4 Architektur ZT GmbH, Innsbruck

Wohnanlage Fürstenweg 49, Innsbruck
Fürstenweg 49, 49a, b, c, 6020 Innsbruck
Bauherrschaft: Weinberg Bauträger & Projektentwicklungs GmbH, Innsbruck
Architektur: wiesflecker-architekten zt gmbh, Innsbruck / Michael Kritzinger Architekt, Innsbruck

VORARLBERG
Einreichungen 9, Nominierungen 3
Bauherrenpreise 2

Kapelle Salgenreute, Krumbach
Salgenreute 4, 6942 Krumbach
Bauherrschaft: Gemeinde Krumbach – Bgm. Arnold Hirschbühl
Architektur: Bernardo Bader Architekten ZT GmbH, Dornbirn

Sägerbrücke, Dornbirn
Stadtstraße, 6850 Dornbirn
Bauherrschaft: Stadt Dornbirn / Land Vorarlberg, Straßenbau
Architektur: Architekturwerkstatt Dworzak-Grabher, Lustenau

Vereinshaus Fontanella
Faschina Straße 19, 6733 Fontanella
Bauherr: Gemeinde Fontanella
Architektur: Gohm Hiessberger Architekten, Feldkirch

Bauherrenpreise der Zentralvereinigung der ArchitektInnen Österreichs 2017:

Erste Campus, Wien
Am Belvedere 1, 1100 Wien
Bauherrschaft   Erste Group Bank AG, Wien
Architektur   Henke Schreieck Architekten ZT GmbH, Wien
Freiraumplanung   Auböck + Kárász Landscape Architects, Wien

Catering Pavillon Wolke 7, Grafenegg
Grafenegg 10, 3485 Grafenegg
Bauherrschaft   Grafenegg Kultur Betriebsges.m.b.H.
Architektur   the next ENTERprise Architects ZT GmbH, Wien
Freiraumplanung   Land in Sicht, Wien

Evangelische Kirche, Mitterbach
Kirchengasse 9, 3224 Mitterbach
Bauherrschaft   Evangelische Pfarrgemeinde Mitterbach
Architektur   Ernst Beneder / Anja Fischer, Wien

Basilika und Geistliches Haus, Mariazell
Benedictusplatz 1, 8630 Mariazell
Bauherrschaft   Superiorat Mariazell
Architektur   Feyferlik /Fritzer, Graz

Kapelle Salgenreute, Krumbach
Salgenreute 4, 6942 Krumbach
Bauherrschaft   Gemeinde Krumbach, Bgm. Arnold Hirschbühl
Architektur   Architekt Bernardo Bader ZT GmbH, Dornbirn

Sägerbrücke, Dornbirn
Stadtstraße, 6850 Dornbirn
Bauherrschaft   Stadt Dornbirn / Land Vorarlberg, Straßenbau
Architektur   Architekturwerkstatt Dworzak-Grabher, Lustenau

PREISTRÄGER >

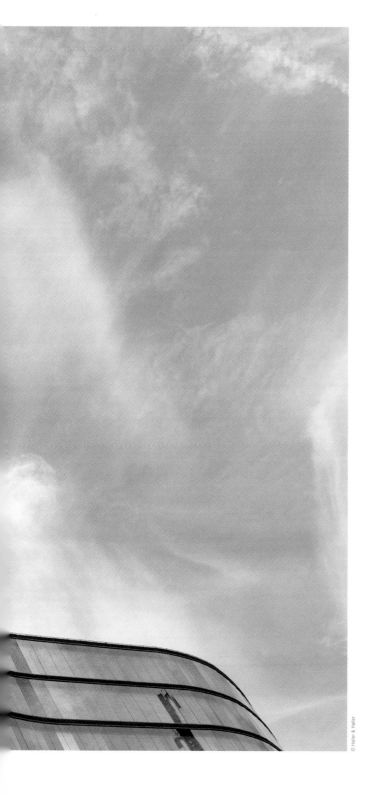

© Haller & Haller

Erste Campus
Wien

Erste Campus
Am Belvedere 1, 1100 Wien

Bauherrschaft
Erste Group Bank AG, Wien: Andreas Treichl,
Peter Bosek, Herbert Juranek, Boris Marte
Architektur
Henke Schreieck Architekten, Wien
Tragwerksplanung
Gmeiner Haferl Zivilingenieure, Wien
Freiraumplanung
Auböck + Kárász, Wien
Wettbewerb
2007/2008
Fertigstellung
2015

Erst die Stadtentwicklung im Zuge der Errichtung des neuen Hauptbahnhofes bot eine Chance, die zuvor durch die weitläufigen Anlagen von Süd- und Ostbahn getrennten Bezirke Favoriten und Wieden zusammenwachsen zu lassen.

Der Erste Campus, auf dem die Bank 25 Standorte in einem neuen Headquarter bündelt, nimmt dabei zwischen dem neuen Wohn- und Büroviertel im Westen und der Parkanlage des Schweizergartens eine Schlüsselposition ein. An diesem historisch interessanten und städtebaulich herausfordernden Standort wollte es die Erste Group anders als die anderen Banken machen. „Über die Herstellung von Charakter" lautete der Untertitel des rund 170-seitige Kompendiums, das man den Wettbewerbs-

teilnehmern als Leitfaden mit auf den Weg gab. Darin enthalten auch das Faksimile eines handgeschriebenen Briefes von Generaldirektor Andreas Treichl an die „Lieben Kandidatinnen und Kandidaten". Er schließt mit der Hoffnung, das neue Hauptquartier möge den Beginn einer neuen Ära für Wiens Architektur markieren. Und tatsächlich gelang ein architektonisch-städtebaulicher Meilenstein von internationalem Format. „Schon beim ersten Hearing zum Wettbewerb spürten wir, dass es der Bauherr ernst meint", erzählen die Architekten, die sich davon angespornt dem Masterplan widersetzten. Der sah nämlich eine Stadtkante zum Schweizergarten vor, eine Bedingung, die es weder zugelassen hätte, 5000 Mitarbeitern gleichwertig angenehme

Milieus, sprich weiten Ausblick in die Umgebung anzubieten, noch eine mit dem Umfeld interagierende städtebauliche Struktur zu schaffen. Sie gliederten das Bauvolumen als Ensemble von in der Höhe gestaffelten Baukörpern in geschwungenen Formen, das einen Landschaftsgarten umschließt und sich – ohne eine Rückseite auszubilden – zur Stadt öffnet. Der Campus wird Teil der Stadt und die Stadt Teil des Campus, so die Philosophie, die gelebter Alltag ist. Das Gebäude verstrahlt dank seiner Materialität eine in diesem Maßstab selten erreichte Sinnlichkeit. Nicht mit Logos und Firmenfarben setzt sich der Bauherr in Szene, sondern mit herausragender Architektur, wohltemperierter Atmosphäre und – auf höchstem Niveau omnipräsent – Kunst.

© Haller & Haller

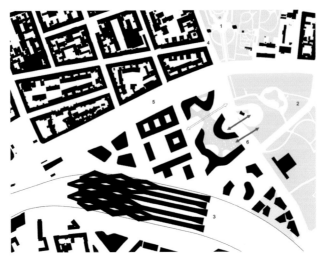

1 Belvederegarten
2 Schweizergarten
3 Hauptbahnhof
4 Prinz-Eugen-Straße
5 Wiener Gürtel
6 Arsenalstraße

0 5 25 50   100

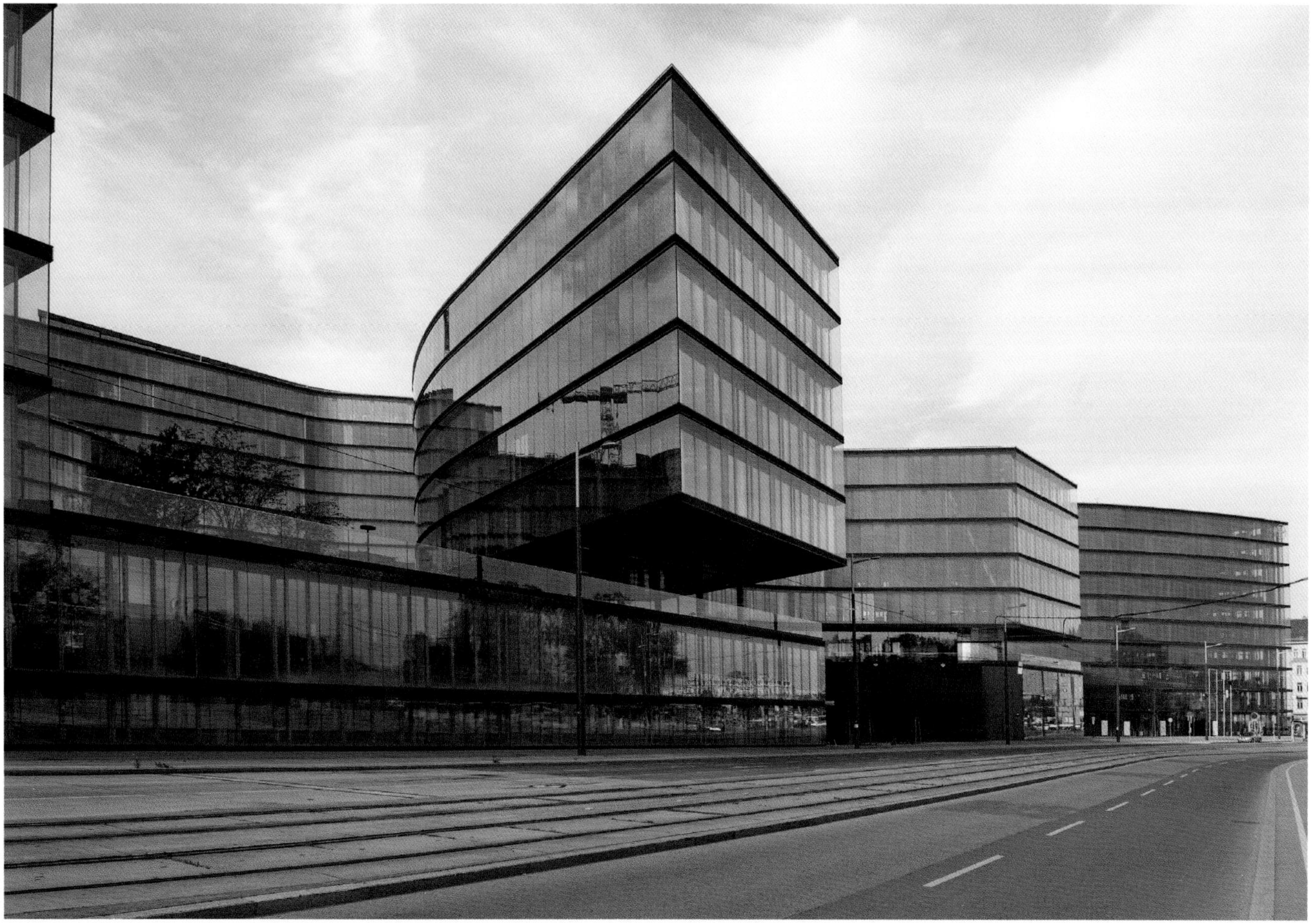

© Haller & Haller

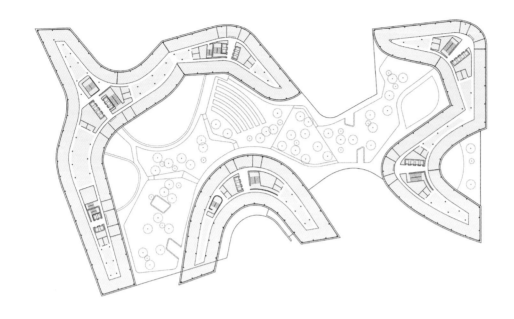

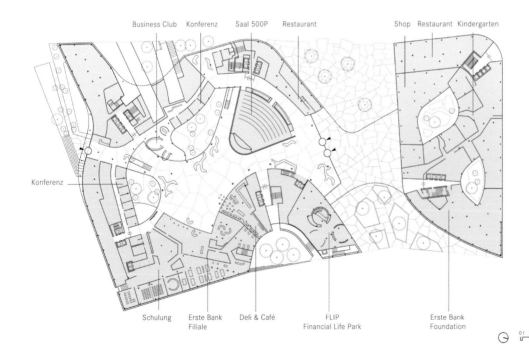

Business Club   Konferenz   Saal 500P   Restaurant   Shop   Restaurant   Kindergarten

Konferenz

Schulung   Erste Bank   Deli & Café   FLIP   Erste Bank
              Filiale   Financial Life Park   Foundation

01 5   10   20

ANDREAS TREICHL

Die Umsetzung des Projektes erfolgte in einer beispielhaften Kooperation, bei der sehr viel diskutiert worden ist – oft auch kontroversiell, aber immer am Ziel orientiert, ein Gebäude zu schaffen, das die Werte der Erste Group widerspiegelt.

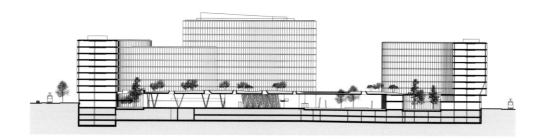

Catering Pavillon Wolke 7
Grafenegg

Catering Pavillon Wolke 7
Grafenegg 10, 3485 Grafenegg

Bauherrschaft
Grafenegg Kultur Betriebsges.m.b.H.: Paul A. Gessl
Architektur
the next ENTERprise Architects, Wien
Freiraumplanung
Land in Sicht, Wien
Tragwerksplanung
Ingenieurteam GmbH, Bergmeister, Varn-Vahrn / Italien
Fertigstellung
2015

Mit der Freilichtbühne Wolkenturm schufen the nextENTERprise Architects im Schlosspark Grafenegg vor zehn Jahren eine der beeindruckendsten Konzertarenen des Landes und zugleich ein Stück Land-Art, dass seinen Zauber auch außerhalb der Festival-Saison zu entfalten vermag. Konträr verhielt es sich stets mit einer notwendigen Begleiterscheinung von Kulturgenuss im Freien – der Veranstaltungsgastronomie. Am Weg zur Bühne bot die vom Pächter errichtete und mit der Zeit gewachsene Cateringinfrastruktur kein adäquates Ambiente, sie war eigentlich so etwas wie der Schandfleck im Schlosspark, was schließlich die zuständige Kulturbetriebsgesellschaft veranlasste, das bewährte Architektenteam erneut zu beauftragen,

nebst Verbesserung der gastronomischen Infrastruktur auch einen gestalterischen Akzent zu setzen. Entstanden ist schließlich nicht bloß ein ansehnlicher Cateringpavillon, der sämtliche Auflagen eines Gastronomiebetriebes erfüllt, sondern ebenso – ganz in der Tradition der englischen Landschaftsparks – ein extravagantes Folly, das auch in unbewirtschafteten Zustand erfreut. Mit einem geschwungenen Dachschirm, der sich auf zarten Stahlstützen „wie ein Blatt zwischen die Bäume legt" fügten the next ENTERprise Architects den Pavillon in die Parklandschaft ein. Die zweifach gekrümmte, nur 20 cm dünne Ortbetonfläche, die den natürlichen Biegeverlauf zum konstruktiven Prinzip erhebt, ist ein Meisterwerk kreativer interdisziplinärer

Kooperation zwischen Architekten und Ingenieuren. Den Umriss geben die Bäume vor.
Am Boden findet die Form der Dachebene eine Entsprechung in einem weichen Granulatboden – wegen der Akustik und um Glasbruch zu minimieren. Zudem verstärkt der Belagswechsel das Gefühl, einen Raum zu betreten. Durch die Führung der Theke ergeben sich Vis-à-vis, das fördert die Kommunikation. Das von allen Seiten ansehnliche Ensemble ergänzen die Barschränke und Lager bergenden Boxen. Konzertbar, Rastplatz, Sonnenschutz und Regenschutz und untertags wie bei Dunkelheit ein faszinierender Ort der – auch konsumfreien – Begegnung für Einheimische und Besucher.

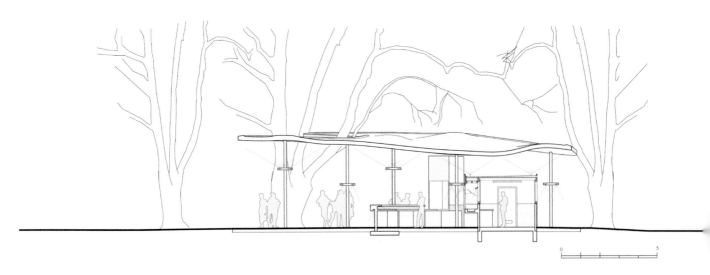

© Lukas Schaller

© Lukas Schaller

© Haller & Haller

Im Wechselspiel mit der Natur und unter Berücksichtigung der funktionalen Anforderungen wurden ein äußerst innovatives Projekt und ein außergewöhnlicher Ort geschaffen.

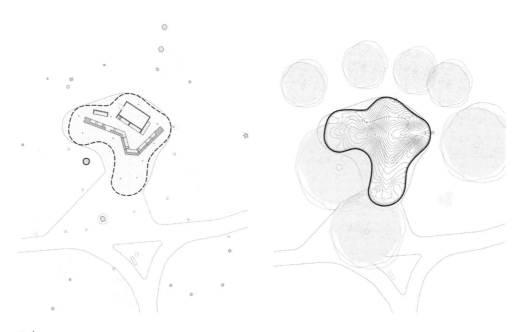

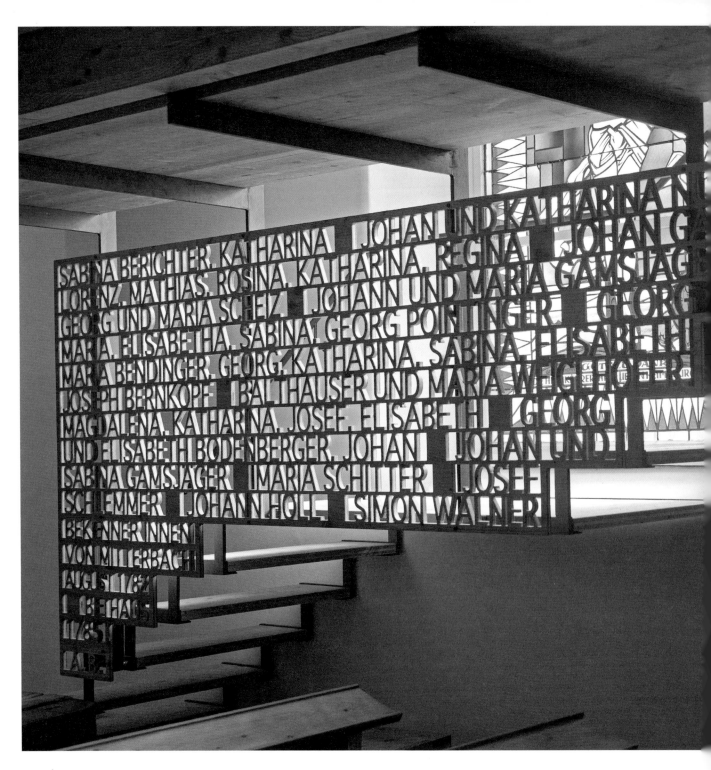

Evangelische Kirche

Mitterbach

Evangelische Kirche Mitterbach
Kirchengasse 9, 3224 Mitterbach

Bauherrschaft
Evangelische Baugemeinschaft Mitterbach, Pfarrerin Birgit Lusche
Architektur
Ernst Beneder / Anja Fischer, Wien
Tragwerksplanung
Reinhard Schneider, Wien
Fertigstellung
2016

Errichtet von Holzknechten aus dem Dachsteingebiet, die im 18. Jh. vom Stift Lilienfeld angeworben wurden, um in den Wäldern des Ötschergebiets Holz für Wien zu schlägern, haben wir es mit der ältesten evangelischen Kirche und zudem der einzigen Toleranzkirche in Niederösterreich zu tun. Die Holzarbeiterfamilien waren „Geheimprotestanten", erst 1781 gestattete ihnen das Toleranzpatent Kaiser Josephs II. die Religionsausübung. Mit der Landesausstellung 2015, die sich der Geschichte der Evangelischen in der Region widmete, geriet die Geschichte des Bethauses wieder in den Fokus der Öffentlichkeit, was zusammen mit dem Lutherjahr 2017 eine günstige Konstellation bot, die längst fällige Renovierung der Kirche in Angriff zu nehmen. Ernst Beneder und Anja Fischer fanden die Kirche im Wesentlichen im Zustand von 1970 und in einer bedrückenden Raumstimmung vor. Damals wurden die Seitenemporen abgetragen, die Hauptempore nach vorn erweitert, was die Blick- und Klangbeziehung vom Altarraum zur Orgel beeinträchtigte.

Nach eingehender Auseinandersetzung mit evangelischen Bautraditionen war für die Architekten klar, dass im praktischen wie konzeptionellen Sinn der Empore große Bedeutung zukommt und sie suchten dafür nach einer aktuellen Sprache, die im Geist der alten Holzfällerkirche die Funktionalität und Dramaturgie des Raumes verbessert. Neben vielen kleinen und größeren Maßnahmen ist die neue Empore die augenfälligste Maßnahme. Die lange Westempore wurde zurückgebaut, zwei neue Längsemporen kompensieren entgangene Fläche und bringen den durch die Lage der Kanzel asymmetrisch disponierten Raum wieder in Balance. Im feinen Gitterwerk der Brüstungen finden sich die Namen der ersten „Bekenner" von 1782, die sich mutig offiziell als evangelisch meldeten; das wirkt bewusstseinsbildend und identitätsstiftend. Im Zusammenspiel aller Maßnahmen und aller beteiligten Akteure entstand eine raumplastische Komposition, in der Bestehendes und Neues wie selbstverständlich verschmelzen; mit hoher Sorgfalt, bis ins kleinste Detail überlegt und gestaltet. Bei bescheidenem Budget und trotz kleinem Maßstab der Bauaufgabe entfaltet das Projekt Strahlkraft weit über die Pfarre hinaus.

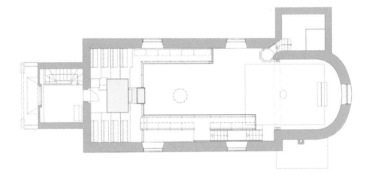

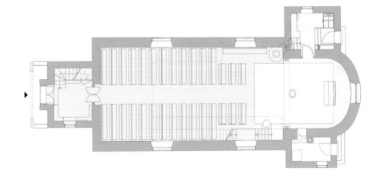

Ein äusserst gelungener Innenraum, der mit reduzierter Ästhetik und Sachlichkeit auskommt.

Wir sind immer wieder überrascht, mit welchem Einfühlungsvermögen die Planer
Verborgenes aus dem Gegebenen und Verdeckten herausholen konnten.

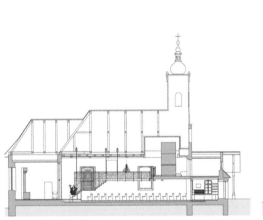

Basilika und Geistliches Haus
Mariazell

Basilika und Geistliches Haus, Mariazell
Benedictusplatz 1, 8630 Mariazell

Bauherrschaft
Superiorat Mariazell,
P. Karl Schauer, P. Michael Staberl, BM Anton Nolz
Architektur
Feyferlik / Fritzer, Graz
Tragwerksplanung
Herbert Majcenovic, Judendorf-Straßengel
Fertigstellung
2017

In Zeiten, in denen bloß „schneller, höher, weiter" zähle, sei es im Arbeitsleben eines Architekten ein Geschenk, ein Vierteljahrhundert mit einem Bauherrn an einem Projekt arbeiten zu können, so Wolfgang Feyferlik und Susanne Fritzer. Möglich war dies in Mariazell, katholische Hochburg und wichtigster Wallfahrtsort Österreichs mit über einer Million Besuchern pro Jahr. Das Projekt ist schwer zu fassen. Eingebettet in ein Gesamtkonzept wurden zahlreiche Einzelmaßnahmen im ganz Kleinen wie im großen Maßstab umgesetzt. Die große Kunst bestand darin, nicht den Überblick zu verlieren, keinen schnellen Moden anheimzufallen und neben den Schöpfungen von Domenico Sciassia und Johann Bernhard Fischer von Erlach bestehen zu können.

Bei allen Interventionen galt es selbstverständlich, Geschichte und Spiritualität des Ortes mit zu bedenken. Das alles geschah respektvoll und gleichermaßen angstfrei vor der Last der Geschichte. Über all die Jahre wurden unter anderem ein neues Raum-, Farb- und Klangkonzept für die Basilika geschaffen, das vom Altarraum bis zu den Turmkammern reicht. Der Außenraum erhielt eine barrierefreie Neugestaltung. Im Osten der Basilika entstand eine Tagespilgerstätte mit Sanitär- und Aufenthaltsbereichen deren windgeschützte Terrasse von Chören gern zum „Einsingen" benutzt wird. Mit unvorstellbarer Empathie und Akribie wurde daran gearbeitet, den Wallfahrtsbetrieb für alle Involvierten zu optimieren ohne ein spirituelles Disneyland entstehen zu lassen. Alt und neu greifen kongenial ineinander und bilden im Zusammenspiel

ein Erlebnis für alle Sinne. Gleiches gilt für das „Geistliche Haus", wo historische Raumfolgen wiederhergestellt und über die Jahre zu Abstellkammern verkommene Räume aktiviert und die Privaträume der Patres und Gästezimmer je nach Erfordernis mit ausgetüftelten, stets für die Situation maßgeschneiderten Sanitärzellen, Küchennischen und zahlreichen Kleinigkeiten wie innenliegenden Fensterläden ausgestattet wurden. Pater Karl Schauer habe stets eine Vision für das gesamte Projekt gehabt, erinnern sich die Architekten. Auch einen visionären Finanzrahmen, am Beginn einen utopischen. „Wir trugen die Bausteine zusammen. Es gab immer den ganz großen Maßstab, um nicht den Überblick zu verlieren. Und es gab auch immer den ganz kleinen, um nicht von Beginn an Fehler im Detail zu machen."

© Paul Ott

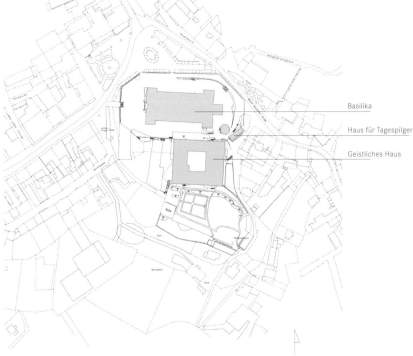

Basilika

Haus für Tagespilger

Geistliches Haus

Haus für Tagespilger

Rückblickend darf ich sagen: ein geniales, mit Geduld, Zähigkeit, vielleicht auch Perfektionismus befähigtes Team, für welches das gemeinsame Ziel immer entscheidender war, als der Streit, das Ringen, auch das Aufgeben wollen, was meist nicht zu lange gedauert hat. Eigentlich wird es auch für mich immer unbegreiflicher, wie sich ein Projekt in diesem Ausmaß, mit der Vielfalt an verschiedenen Aufgaben, über eine so lange Zeitspanne überhaupt verwirklichen ließ.

»Paradies«
Mittelturmkammer

Vision und Ziele standen im Vordergrund und
generierten die Möglichkeiten der Umsetzung.

»Rotes Zimmer«
Prälatur

Weinkeller

Orgel
Basilika

© Adolph Stiller

Hochaltar
Basilika

© Adolph Stiller

Kapelle Salgenreute
Krumbach

© Adolf Bereuter

Kapelle Salgenreute
Salgenreute 4, 6942 Krumbach

Bauherrschaft
Gemeinde Krumbach, Bgm. Arnold Hirschbühl
Architektur
Bernardo Bader ZT GmbH
Tragwerksplanung
Merz Kley Partner
Fertigstellung
2016

Am Ende war noch die Energie da, als Dank an alle die mitgeholfen haben ein Buch herauszugeben, das den Bau textlich und bildlich tiefgehend dokumentiert. Über 100 Namen sind genannt, einige Vereine und anderthalb Dutzend Firmen, sie alle haben – jeder nach seinen Möglichkeiten – zusammengewirkt, um eine neue Kapelle zu errichten. Nur 24 Sitzplätze, genau so viele wie der Vorgängerbau, der 1880 von einer in der Nachbarschaft ansässigen Familie errichtet wurde. Seit jeher wurde sie für Maiandachten genutzt und zum Wetterläuten. 130 Jahre später ergriffen Anwohner der benachbarten Parzellen die Initiative, den einst mit bescheidenen Mitteln errichteten und in der Zwischenzeit schwer in Mitleidenschaft gezogenen Holzbau zu sanieren, was sich jedoch als sinnlos herausstellte.

Es folgten viele Gespräche, Besichtigungen anderer Kapellen und schließlich ein Entwurf und ein Modell vom im Ort aufgewachsenen und immer noch ansässigen Architekten Bernardo Bader. Die Form der Kapelle leitet sich von der alten ab, ähnlich im Grundriss, aber statt Schiff und Turm nun ein hohes, turmloses Steildach. Als Basis wurde ein Sockel aus Alberschwender Kalkstein als Trockenmauerwerk gefügt, darüber Wände und Decken eingehüllt in ein Wetterkleid aus handgeschlagenen Lärchenschindeln. Durch das Zurücksetzen des Eingangs entsteht eine schützende Vorhalle. Eine mit gehämmertem Messing beschlagene Tür führt ins Innere in einen Raum von berührender Feierlichkeit und zugleich bestechender Schlichtheit.

Im Andachtsraumraum betonen zwölf Spanten, die das Faltwerk aus Kreuzlagenholz vor dem Durchbiegen bewahren, die Höhenentwicklung; unbehandelte Tanne kam als Decklage an den Wänden, als Boden und bei den meisterlich minimalistischen Bankreihen zum Einsatz. Wie eine textile Auskleidung erscheint im durch die verglaste Apsiswand einfallenden Streiflicht die weiß gekalkte sägeraue Schalung im Altarraum. Einfach gemacht hat man sich hier nichts. In jedem Detail und an jeder Oberfläche wird handwerkliches Wissen und Können gewahr, das sich im Zusammenspiel von Fachleuten und Freiwilligen zu einem Stück Baukunst fügte, in dem sich der Geist des Ortes auf vielschichtige Weise verdichtet.

Das gemeinschaftliche Engagement der Bürger, Handwerker und des Architekten ist spürbar und nun sichtbar als architektonisches Zeichen in der Landschaft, auf dem Nagelfluhrücken.

© Adolf Bereuter

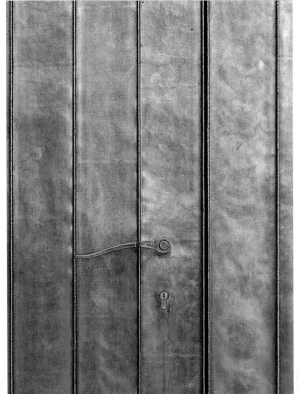

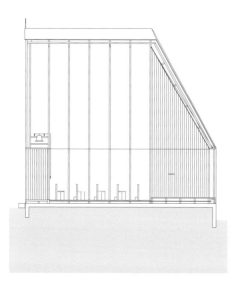

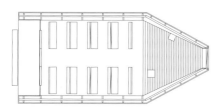

© Adolf Bereuter

Sägerbrücke
Dornbirn

© Günter König

Sägerbrücke
Stadtstraße/Hatlerstraße, 6850 Dornbirn

Bauherrschaft
Stadt Dornbirn: Bürgermeisterin Andrea Kaufmann,
Stadtplaner Stefan Burtscher; Land Vorarlberg,
Straßenbau: Armin Wachter
Architektur
Architekturwerkstatt Dworzak-Grabher, Lustenau
Tragwerksplanung
SSD Beratende Ingenieure ZT-GmbH, Röthis
Kunst am Bau
Hubert Lampert, Götzis
Wettbewerb
2012
Fertigstellung
2016

An einer städtischen Schlüsselstelle überbrückt die Sägerbrücke die Dornbirner Ach und verbindet die Innenstadt mit dem Hatlerdorf. Nachdem sich die Sanierung der 1963 fertiggestellten Vorgängerbrücke als weniger wirtschaftlich als eine Neuerrichtung herausgestellt hatte, war es dem Dornbirner Bauamt ein Anliegen, den hochfrequentierten Ort funktionell und gestalterisch aufzuwerten. Die Konstruktionsweise in Beton war vom Straßenbauamt vorgegeben, womit es für die Architekturwerkstatt Dworzak-Grabher nahelag, die Gestaltung im gleichen Material weiterzudenken und seine Potenziale zu nutzen. „Eine Brücke als Insel" war der Wettbewerbsbeitrag übertitelt, der den Grundgedanken und den gewonnenen Mehrwert exzellent ausdrückt: ein neuer öffentlicher Raum über dem Wasser, auf dem unterschiedliche Formen

der Mobilität gleichberechtigt Platz finden. Breiter als lang signalisiert die Proportion, dass hier nicht bloß ein Verkehrsweg, sondern auch als Sägerbrücke, ein Dornbirner Verweilort, ein Platz, entstanden ist. Ein ausgerollter Teig, aus dem die Ränder als Brüstungen hochgezogen sind und sich die Bushaltestellen herausentwickeln, lieferte die formgebende Idee. Wie aus einem Stück gegossen und durch einen Betonzuschlag aus hellem Granit hebt sich die Brücke von den Straßen ab. Gestockt auf den Fahrbahnen, sandgestrahlt im Fußgänger- und Fahrradsektor, geschliffen im Haltestellenbereich und – zur Reflexion der Beleuchtung – poliert an der Dachunterseite der Bushaltestellen wird eine Bandbreite an Oberflächenbehandlungen demonstriert und unterschiedlichen Anforderungen Rechnung getragen.

Minimierte Niveauunterschiede betonen die Gleichwertigkeit der unterschiedlichen Verkehrsteilnehmer und wirken temporeduzierend. Nischen in den Brüstungen erlauben den Rückzug aus dem Verkehrsstrom, hölzerne Lehnen laden zur Beobachtung des durchfließenden Wildbaches ein, der sich vom sanft plätschernden Gewässer zum reißenden Fluss entwickeln kann. Das Lichtkonzept aus indirekt beleuchteten Brüstungen und Haltestellen sowie zwei diagonal außerhalb der Brücke angeordneten Pylonen sorgt auch bei Dunkelheit für angenehme Stimmung.
Ein vertikales Zeichen an der Pforte zur Innenstadt setzt die Skulptur „Do.Helix" des Künstlers Hubert Lampert; das jährliche „Brückenplatzfest", ein Architektenwunsch, feiert diesen besonderen, in jeder Hinsicht vorbildhaften, öffentlichen Raum.

Die Sägerbrücke ist Ergebnis einer gemeinsamen Anstrengung des Landes Vorarlberg und der Stadt Dornbirn – im Besonderen durch die unterstützende Beharrlichkeit des Stadtplaners Stefan Burtscher.

Überzeugende plastische Gestaltung, hohe Detail- und Materialqualität – sinnliche
Oberflächengestaltung mit verschiedenen subtil eingesetzten Oberflächenqualitäten.

© Günter König

NOMINIERUNGEN >

HOERBIGER Firmencampus

Seestadtstraße 25, 1220 Wien

Bauherrschaft
HOERBIGER Holding AG, Wien,
Dr. Peter Steinrück
Architektur
querkraft architekten, Wien
Freiraumplanung
Doris Haidvogl, Wien
Tragwerksplanung
Werkraum Ingenieure, Wien
Wettbewerb
2013
Fertigstellung
2015

Die Konzerngeschichte begann mit Hanns Hörbiger, dessen 1894 patentiertes Stahlplattenventil die Industrie des beginnenden 20. Jahrhunderts revolutionierte und den Grundstein für einen weltweit tätigen Technologiekonzern legte. Um neue Weichen für die Zukunft zu stellen entschied man sich, das seit den 1930er Jahren in Wien-Simmering ansässige Werk in die Seestadt-Aspern zu übersiedeln und übernahm dort als erster angesiedelter Großbetrieb erneut eine Pionierrolle. An vielen anderen Orten auf der Welt hätte man günstiger bauen und produzieren können, die budgetären Vorgaben waren also knapp kalkuliert, Protz unerwünscht. In einer Zusammenarbeit auf Augenhöhe und mit Handschlagqualität entstand ein Industriebau mit „keinem Gramm Fett": Rohbeton, sichtbare Leitungen,

keine abgehängten Decken weder in der Produktion, noch in der Forschungs- und Entwicklungsabteilung sowie in den Büros. Manuelle und geistige Arbeit sind gleichgestellt, es werden baulich keine Hierarchien manifestiert. Die Gebäudestruktur mit parallel angeordneten Gebäudeachsen erlaubt unkompliziertes Wachstum. Bei aller Effizienz und Funktionalität entstanden zahlreiche offene Räume der Begegnung wie der große zentrale Hof, die Orientierung erleichternde Blickbezüge und generell ein sehr attraktives, einem guten Betriebsklima förderliches Ambiente. Eine Website und eine schön gestaltete zweibändige Publikation lassen den alten Standort in Simmering nicht in Vergessenheit geraten, feiern das neue Gebäude und lassen Belegschaft und Planer zu Wort kommen: Dokumentationen von gelebter Baukultur.

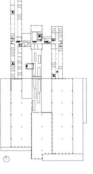

STATEMENT DER NOMINIERUNGSJURY

Die Zusammenarbeit mit querkraft wurde im „Design to Cost" Prinzip und mit Auslobung eines „bedingungslosen" Zufriedenheitsbonus geregelt. Der gewählte kooperative Ansatz bewährte sich vor allem im Hinblick auf den enormen Kostendruck ....
Dazu brachte querkraft zahlreiche und teilweise unkonventionelle Vorschläge ein.

Smart Wohnen –
Wohnbebauung Hauptbahnhof, Sonnwendviertel II
Alfred-Adler-Straße 12, 1100 Wien

Bauherrschaft
Heimbau Gemeinnützige Bau-, Wohnungs-
und Siedlungsgenossenschaft, Wien,
Hermann Koller (Vorstand)
Architektur
GEISWINKLER & GEISWINKLER Architekten
ZT GmbH, Wien
Freiraumplanung
Auböck + Kárász, Wien
Tragwerksplanung
RWT plus, Wien
Wettbewerb
2012
Fertigstellung
2016

„Smart Wohnen" ist das Wiener Label für besonders flächeneffiziente und damit kostengünstige geförderte Wohnungen. Dass der damit einhergehende Zwang zur Sparsamkeit an allen Ecken und Enden nicht unabwendbar mit räumlicher Armut und architektonischer Banalität einhergehen muss, beweist der erste im Rahmen dieses Programmes umgesetzte Wohnbau. Die außenliegende Tragstruktur erlaubte weitgehende Flexibilität bei der Einteilung der modular aufgebauten Grundrisse. Zum Straßenraum bildet eine raumhaltige Struktur, die variantenreich Balkone unterschiedlicher Tiefe aufnimmt, eine Pufferzone.

Hofseitig gliedern an den Laubengängen angelagerte farbige Boxen, die Spielflächen, Waschküchen sowie Abstellräume für Kinderwägen und Fahrräder bergen, sowie verbreiterte Zonen zur individuellen Aneignung die Vorzonen der Wohngeschosse. Somit entstehen informelle Orte der Kommunikation auf allen Geschossen; das Erdgeschoß bleibt frei für diverse gewerbliche Nutzungen und einen Kindergarten. Ein weit geöffneter Durchgang zum aufwändig gestalteten Hof bildet ein attraktives Entrée und sorgt für eine Verknüpfung mit den nördlich und südlich gelegenen Bebauungen.

© Manfred Seidl

Fokus Pfarrheim Sierning

Kirchenplatz 12, 4522 Sierning

Bauherrschaft
Pfarre St. Stephanus Sierning:
Pfarrer Karl Sperker,
Karl Bramberger (Lenkungsausschuss),
Josef Nestler (Bauausschuss)
Architektur
Architekturbüro ARKADE ZT gmbH, Linz
Wettbewerb
2015
Fertigstellung
2017

Brennpunkt, Heim- und Feierstätte für die Pfarrmitglieder sollte das neue Pfarrheim werden, also ein Fokus für das Gemeindeleben. Ein zuvor an der Stelle bestehendes dreigeschossiges Wohnhaus, das die Pfarre von der Gemeinde erworben hatte, wurde abgetragen, um diesen Bauplatz im Zentrum verfügbar zu machen.

Es ist ein moderner, schnittiger Bau, der im Osten die gotische Pfarrkirche St. Stephan umfängt. Seine moderate Höhenentwicklung lässt die Kirche zur Geltung kommen, ein Hauptargument für den Sieg im geladenen Wettbewerb. Mehrfach fließt die gotische Baukunst als Ideengeber ein, so bei der Fassade aus Konglomerat aus einem nahegelegenen

Steinbruch und dem von der Künstlerin Bernadette Huber gestalteten raumhohen Fenster im Foyer – ebenso Resultat eines Wettbewerbs – das Anleihen an der Farbigkeit der gotischen Kirchenfenster nimmt. Für alle erdenklichen Szenarien ist der teilbare Pfarrsaal gerüstet. Im Untergeschoß – dank des Grundstücksgefälles belichtet – fanden verschiedene Gruppenräume Platz.

Viele Involvierte reden bei derartigen Bauaufgaben mit. Nicht immer fielen alle Entscheidungen einstimmig, aber dennoch beschreibt Pfarrer Sperker – als gelernter Bautechniker sozusagen vorbelastet – die Zusammenarbeit aller Beteiligten als rundum positiv.

EG

© Peter Philipp

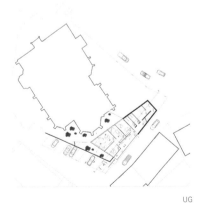

UG

Of(f)'n Stüberl Linz

Starhembergstraße 39, 4020 Linz

Bauherrschaft
Evangelische Pfarrgemeinde A. B. Linz –
Innere Stadt: Josef Prinz / Evangelische
Stadt-Diakonie Linz: Georg Wagner
Architektur
Urmann Radler ZT GmbH, Linz
Fertigstellung
2015

Geschützten warmen Raum ohne Konsumationszwang, Beratung, ein kostenloses Frühstück, Waschgelegenheit, Beratung und vieles mehr stellt das Of(f)'n Stüberl jenen Menschen zur Verfügung, die in der niedrigst möglichen Kategorie wohnen – auf der Straße und in Notschlafstellen. Das im Jahr 1864 errichtete Haus in zentraler Lage in Linz steht im Besitz der Evangelischen Pfarrgemeinde.
Seit 1997 ist die Einrichtung der Evangelischen Stadt-Diakonie in der Immobilie eingemietet, die sich durchaus lukrativer verwerten ließe.

Eine dezentrale Lage wäre für die Klienten aber eine Katastrophe, betont Geschäftsführer Georg Wagner und somit ist es erfreulich, dass die stark frequentierte Einrichtung, die zwecks bestmöglicher Betreuung dringend Optimierungsbedarf hatte, am Ort bleiben konnte. Respektvoll gegenüber der historischen Substanz wurde also saniert, umgebaut und zusätzlich Raum im Obergeschoss nutzbar gemacht. Obwohl alles mit bescheidensten Mitteln, vieles in Eigenregie und mit freiwilligen Helfern zu geschehen hatte, war es doch möglich, zum Beispiel Kunststofffenster gegen Holzfenster auszutauschen und den zuvor verborgenen Charme des Hauses zu aktivieren.

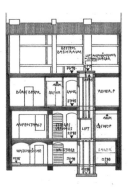

Justizzentrum Eisenstadt

Wiener Straße 9/9a, 7000 Eisenstadt

Bauherrschaft
Bundesimmobiliengesellschaft m.b.H, Wien:
Wolfgang Gleissner, Hans-Peter Weiss,
Wolfgang Schiechl
Architektur
YF architekten zt gmbH, Wien
Tragwerksplanung
Gmeiner Haferl Zivilingenieure ZT GmbH, Wien
Kunst am Bau
raumlabor-berlin, Berlin
Wettbewerb
2008
Fertigstellung
2016

Gerichte und Haftanstalten sind per se keine Orte, die gern freiwillig aufgesucht werden und ob zahlreicher Zwänge – Sicherheit geht vor – obendrein undankbare Bauaufgaben. In Eisenstadt galt es die westlich des Stadtzentrums gelegene Justizanstalt zu erweitern. Mit Landesgericht, Bezirksgericht und Staatsanwaltschaft Eisenstadt waren drei eigenständige Einheiten räumlich neu zu organisieren und an die bestehende Justizanstalt auf kurzem Weg anzubinden. Das gelang äußerst kompakt und effizient. Die rote Lammellenfassade stünde auch einem zivilen Bürogebäude zu Gesicht und zeugt – wie auch die Abfolge von Vorplatz,

Empfang und viergeschossige Atrium im Herzen des Gerichtsneubaus – vom Bemühen um ein möglichst freundliches Ambiente. Auch in der Justizanstalt, wo nun Einzel- und Zweier-Hafträume mit Nasszellen die Vier- bis Sechs-Bett-Räume und die Mannschaftswaschräume ablösen, habe sich die Stimmung gebessert, erfährt man. Mit der ebenfalls aus einem Wettbewerb hervorgegangenen Gestaltung der Spazierhöfe durch raumlabor-berlin, die den sozialen Bedürfnissen vor Ort gut Rechnung trägt und sogar den Wachturm miteinbezieht, erwies sich der Bauherr erneut als engagierter Auftraggeber für ortsspezifische künstlerische Interventionen.

STATEMENT DER NOMINIERUNGSJURY

Angesichts einer von komplexen Funktionszusammenhängen und Normenzwängen durchsetzten Bauaufgabe gelingt eine freundliche, sympathische Lösung, Zwanglos und selbstverständlich.

Kirche Neuhaus in der Wart

Untertrum 1, 7511 Neuhaus in der Wart

Bauherrschaft
Pfarre Neuhaus in der Wart: Herbert Plank;
Diözese Eisenstadt, Bauamt: Markus Zechner
Architektur
Doris Dockner Interior Architecture & Artworks,
Graz / Tritthart+Herbst Architekten, Graz
Freiraumplanung
Pfarre Neuhaus in der Wart, Herr Plank
Tragwerkaplanung
Peter Mandl, Graz
Wettbewerb
2013
Fertigstellung
2016

Kleines Kirchlein, große Geste: Die im Jahr 1958 anstelle einer noch winzigeren Kapelle errichtete Kirche in der ursprünglich kroatischen Siedlung mit nur 220 Einwohnern bedurfte einer Renovierung und Adaptierung des Altarraums an heutige liturgische Erfordernisse.

Eine an sich einfache, jedoch äußerst radikalen Maßnahme verleiht dem zuvor recht introvertierten Sakralraum einen völlig neuen Raumeindruck. Indem die Altarwand zur Gänze entfernt und durch eine Verglasung ersetzt wurde, eröffnet sich schon vor der offenen Kirchentür der Ausblick in die unbebaute Hügellandschaft des südlichen Burgenlandes. In einer „fast schwellenlos gebauten Verbindung zur Natur, verschmilzt den Innenraum der Apsis mit dem Außenraum", wie es die Architektin formuliert, womit sich durch den unmittelbaren Bezug und den Blick in die Schöpfung neue Erfahrungen von Transzendenz erschlossen werden. Ein schlichtes Fensterkreuz, goldfarben eloxiert wird zur einer Neuinterpretation des Kreuzsymbols an der Altarwand.

Ein einheitliches Fußbodenniveau im ganzen Raum und die Gestaltung der aus Glasplatten gefügten liturgischen Möbel unterstützen die Transparenz und den Raumfluss. Durch die Intervention, die einen bislang kaum wahrgenommenen einzigartigen Landschaftsblick inszeniert, entstand ein auch außerhalb der Gottesdienste funktionierender kontemplativer Ort, der identitätsstiftend wirkt und als etwas Besonderes empfunden wird.

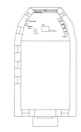

STATEMENT DER BAUHERRSCHAFT

Zuerst hatten wir viel Aufklärungsarbeit in der Pfarrgemeinde zu leisten, doch als der Bau realisiert war, gab es nur noch positive Rückmeldungen. Vor allem bei den jungen Menschen.

© Toni Lamm

Bildungscampus Algersdorf, Graz

Algersdorferstraße 9, 8020 Graz

Bauherrschaft
GBG Gebäude- und Baumanagement Graz GmbH:
BM Rainer Plösch
Architektur
ARGE Mesnaritsch | Spannberger, Graz
Tragwerksplanung
ABES Wagner & Partner, Graz
Wettbewerb
2013
Fertigstellung
2016

Wie schon bei der für den Bauherrenpreis 2015 nominierten Volksschule Mariagrün setzte die Stadt Graz auch bei der Erweiterung des Schulstandortes Algersdorf um eine 12-klassige Volksschule samt Turnsaal auf das Leitmotiv einer offenen Cluster-Schule. Die siegreiche Arbeitsgemeinschaft der Architekten Mesnaritsch und Spannberger hielt dafür eine Kammstruktur als besonders geeignet. Während straßenseitig im Kammrücken Verwaltung, Bibliothek und Sonderunterrichtsräume untergebracht sind, erlauben die Clustertrakte zu je vier Klassen dank der den Unterrichtsräumen vorgelagerten Marktplätze und den leicht erreichbaren Freiräumen den mehrfachen Wechsel unterschiedlicher Unterrichtsformen

und Freizeitaktivitäten im Rahmen der Ganztagesbetreuung. Die Schule punktet durch großzügige Flächen zur individuellen Aneignung, die zudem durch von den Architekten gestalteten rollbaren Möbeln unterstützt wird, sowie eine angenehme Farb- und Materialsprache. Raffiniert auch die Fassade aus Trapezleisten, deren in Rot, Blau, Gelb oder Grün gestrichene Schrägflächen für interessante Changier-Effekte sorgen.

Auch wenn sich schließlich Routiniers im Schulbau durchsetzen konnten sei erwähnt, dass im Bewerbungsverfahren zum Wettbewerb von 30 Teilnehmerplätzen fünf explizit für junge Architekturbüros vorgesehen waren.

© Gunhild und Helmut Pierer

STATEMENT DER NOMINIERUNGSJURY
Zeitgemässe Antwort auf heutige
Herausforderungen im Schulbau.

Frauenhaus Graz

Fröhlichgasse 61, 8010 Graz

Bauherrschaft
Graz Immobilien/GBG/Stadtbaudirektion Graz:
Katharina Peer/Günter Hirner/Bertram Werle
Architektur
leb idris architektur, Graz
Tragwerksplanung
Uwe Zückert, Graz
Wettbewerb
2015
Fertigstellung
2016

Das Frauenhaus im Grazer Stadtteil Jakomini bricht Hand in Hand gehend mit der notwendig gewordenen Sanierung des Gebäudes aus den 1960er Jahren und einem neu ausgearbeiteten Betreuungskonzept mit einer lange gepflogenen Tradition. War es früher üblich, die temporären Zufluchten für schutzsuchende Frauen aus Sicherheitsgründen möglichst anonym zu halten, entschied man sich nach dem Vorbild des niederländischen Modellprojektes „Oranje Huis" zur Sichtbarmachung der Institution, um das Thema häusliche Gewalt nicht zu verschweigen und die Isolation der Frauen nicht zu verfestigen. Dem Passanten manifestiert sich dies in einem gelben Vorbau, der als Schwellenraum nach außen einerseits Ankommende freundlich aufnimmt, andererseits durch den erhöhten Austritt gute Übersicht über den Straßenraum gewährt und zudem Sichtschutz für abgestellte Fahrräder und Kinderwägen bietet. Die Versetzung des Lifts aus der Stiegenhausachse und ins Innere des Gebäudes ermöglichte die zusätzliche natürliche Belichtung der Erschließungsbereiche über die diversen Gemeinschaftsräume, die sich in jedem Geschoß einladend zum Stiegenhaus öffnen. Zum wohnlichen Ambiente in den Wohngemeinschaften und Kleinwohnungen für 25 Frauen und mindestens ebenso viele Kinder tragen nicht unwesentlich die Farbgestaltung und die Ausstattung mit recycelten Vintagemöbeln bei.

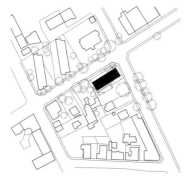

STATEMENT DER NOMINIERUNGSJURY

Mit einfachen Mitteln wird ein höchst lebenswertes Umfeld für die speziellen und individuellen Lebenssituationen von Frauen und Kindern geschaffen.

Fernheizkraftwerk Klagenfurt, Neu- und Umbau Heizzentrale

Pischeldorfer Straße 21, 9020 Klagenfurt

Bauherrschaft
Stadtwerke AG Klagenfurt: DI Heinz Koch,
Mag. Clemens Aigner, Ing. Peter Gilinger
Architektur
Architekturbüro Wetschko, Klagenfurt
Tragwerksplanung
Reinhold Svetina, Klagenfurt
Fertigstellung
2015

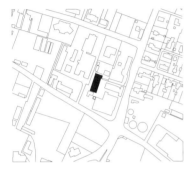

Es war das erste Fernheizwerk Österreichs, das 1949 in Klagenfurt, strategisch günstig zwischen der Lederfabrik Neuner und dem Krankenhaus gelegen, in Betrieb gegangen war. Zunächst mit Kohle, später mit Erdöl betrieben, fiel vor einigen Jahren die Entscheidung, ein neues Kesselhaus für drei gasbetriebene Heizwasserkessel zu errichten und die bestehenden Anlagen sukzessive still zu legen. Der Anlagenbau ist eine Sache, die Gestaltung des Gebäudes eine andere. Daher entschied sich der Bauherr gegen eine Generalunternehmerausschreibung, um die architektonische Gestaltung getrennt von den anlagenspezifischen Themen bearbeiten zu können. In der kurzen Bauzeit von anderthalb Jahren wurde das Projekt bei laufendem Betrieb in engstem Zusammenspiel zwischen Bauingenieur und Architekt umgesetzt. Maßgeschneidert für das Innenleben wurde der Kubus der großen Halle in Ortbeton, nobilitiert durch anthrazitfarbene Zusatzstoffe, ausgeführt. Der im Norden anschließende dreigeschossige Trakt birgt Trafo- und Technikräume sowie die nach außen mit einer Ummantelung aus Cortenstahl markierte Leitzentrale. Weitere Baumaßnahmen, wie ein Wasseraufbereitungsgebäude und ein neuer Stahlkamin anstelle des bestehenden Ziegelschornsteins werden folgen. Mit dem neuen Kesselhaus ist ein erster Schritt gesetzt, der die baulichen Standards für das was noch kommen wird, vorgibt.

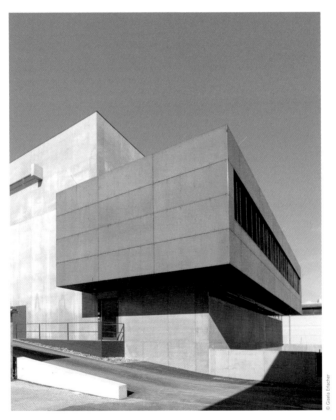

STATEMENT DER BAUHERRSCHAFT

Bauherr und Planer müssen gemeinsam ein Ziel verfolgen und sollen sich der Aufgaben und der damit verbundenen Verantwortung bewusst sein.

KASLAB'N Nockberge –
Schaukäserei, Radenthein

Mirnockstraße 19, 9545 Radenthein

Bauherrschaft
Die Kaslabn Bäuerliche Erzeugnisse Nockberge
eGen: Obmann Michael Kerschbaumer
Architektur
Hohengasser Wirnsberger Architekten,
Spittal / Drau
Fertigstellung
2016

Wenn die Dumpingpreise der Großmolkereien und Supermärkte das Überleben kleinstrukturierter Milchbauern gefährden, sind Gegenstrategien gefragt. So geschehen in Radenthein, wo zunächst vier Biobetriebe eine Genossenschaft zwecks Errichtung einer gemeinsamen Käserei gründeten. Architekten zu Rate zu ziehen, daran dachten die Bauern – gewohnt, alles selbst zu machen – am Anfang nicht. Ein Zufall führte sie zu Sonja Hohengasser und Jürgen Wirnsberger, die ihre Auftraggeber davon überzeugen konnten, dass die notwendige Käsereitechnik nur schwer in einen Altbau integrierbar ist. Und so entstand, teils aus Holz aus den Wäldern der Genossenschafter, der Neubau als Statement regionaler Innovationskraft

am Stadteingang, dort wo sich sonst die Supermärkte breitmachen.
Der Entwurf leitet sich von einer regional typischen Bauernhofstruktur ab, deren zentraler, multifunktional genutzter Verbindungsraum Lab'n genannt wird. In der Kaslab'n wird er zum Eingang und Ausstellungsbereich, der Ober- und Untergeschoß als einladende Mitte verbindet und Kunden und Besuchern Einblick in die Produktion und die Reiferäume gewährt. Im vertrauensvollen und gegenseitig anspornenden Miteinander entstand nicht nur ein Betrieb zur Produktion und Vermarktung, sondern ein in jeder Hinsicht vorbildliches regionales Kompetenzzentrum, das auch der ländlichen Jugend neue Perspektiven bietet.

SONJA HOHENGASSER UND JÜRGEN WIRNSBERGER

Es bedarf engagierter Personen mit viel Herzblut und Mut, solche Projekte anzugehen und Realität werden zu lassen – auch für uns war es eine besondere Erfahrung!

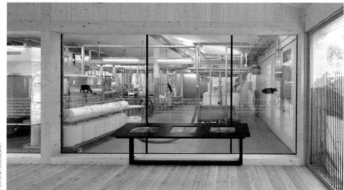

© Christian Brandstätter

magdas Lokal, Klagenfurt

Stauderplatz 1, 9020 Klagenfurt

Bauherrschaft
Caritas Kärnten: Marion Fercher
Architektur
murero_bresciano architekten, Klagenfurt
Freiraumplanung
Bednar Landschaftsarchitektur, Klagenfurt /
murero_bresciano architekten, Klagenfurt
Fertigstellung
2016

STATEMENT DER NOMINIERUNGSJURY
Sehr intensive gemeinsame
Entwicklung eines sozialpolitisch
für Klagenfurt besonders wichtigem
Projekt.

Der Schanigarten mit bunten Tischen und einer aus Paletten gezimmerten Umrandung am Stauderplatz kündigt kein künstlich im Stil des Shabby Chic auf Alt getrimmtes Allerwelts-Café an, sondern ein Ausbildungsrestaurant für Flüchtlinge der Caritas, die mit magdas Hotel und Kantine bereits positive Erfahrungen in Wien sammeln konnte. Hier wurde nichts auf Alt getrimmt, sondern Altes in den Caritas-Werkstätten sorgsam überarbeitet und durch Neues ergänzt.

Beschränkte Mitteln legten es nahe, vom Vorgängerbetrieb, einem Griechen, alles sinnvoll Verwertbare weiterzuverwenden. So stammt die Lüftung ebenso aus dem Bestand wie die Eckbänke, die sich neu gestrichen und tapeziert wunderbar in das ansonsten völlig veränderte räumliche Konzept einfügen. Eine Regalwand gliedert den hallenartigen Raum. Mittels herausziehbarer Schiebetüren lässt sich ein Veranstaltungsraum mit Bühne (die ansonsten als Sitzgelegenheit dient) abtrennen. Neu geöffnete Lichtschächte erhellen den hinteren Teil des Lokals, wo mit der Bar und einem erhöht liegenden Loungebereich zusätzliche Zonierungen geschaffen wurden, ohne die Weite des Lokals zu beeinträchtigen. Zu Mittag ist das magdas gesteckt voll. Ein Beweis, dass soziales Handeln, ambitionierte Gestaltung und wirtschaftlicher Erfolg in Einklang zu bringen sind.

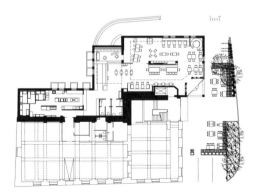

Probebühne und Werkstätten des Salzburger Landestheaters

Aignerstraße 52a, 5020 Salzburg

Bauherrschaft
Salzburger Landestheater:
Intendant Carl Philip von Maldeghem
Architektur
Architekturwerkstatt Zopf, Salzburg
Wettbewerb
2015
Fertigstellung
2017

Die über die Stadt verstreuten Probe-räume bedeuteten seit langem eine logistische Herausforderung für das Ensemble des Salzburger Landestheaters. Als sinnvoller Standort für ein neues Probezentrum, das kosten- und zeit-intensive Fahrten durch die staugeplagte Stadt ein Ende macht, bot sich die Liegenschaft an der Aignerstraße an. Hier bestanden bereits die Theaterwerk-stätten, die saniert und umgebaut wurden und nun mit dem aus drei ineinander verschnittenen Quadern gefügten Neu-bauvolumen an der Straße ein Ensemble um einen Hof bilden.

Alle Probe- und Produktionsstätten des Theaters sind somit an einem Ort vereint. Auf vier Stockwerken verteilt können auf zwei großen Probebühnen, sowie in zwei Studioproberäumen, zwei Ballettsälen und dem Chorsaal Opernproduktionen, Sprechtheater und Ballett geprobt werden. Nach außen gibt das homogen mit einer matt schimmernden Fassade aus feuer-verzinkten Stahltafeln umhüllte Proben-haus sein vielfältiges Innenleben nicht preis. Nur ein Proberaum öffnet sich einem Schaufenster gleich auf den Vorplatz und kommuniziert so direkt mit dem Außenraum.

© Martina Weiss

STATEMENT DER NOMINIERUNGSJURY
Das Projekt hat sich durch den intensiven Austausch zwischen Bauherr und Architekten enorm weiterentwickelt. Städtebaulich wurde das doch sehr große Volumen gut strukturiert und der Stadtteil Aigen hat nicht nur Probebühne, sondern auch einen Veranstaltungsort bekommen.

Schneiderei Wimmer, Schleedorf

Dorf 96, 5205 Schleedorf

Bauherrschaft
Stefan und Monika Wimmer
Architektur
LP architektur ZT GmbH, Altenmarkt
Fertigstellung
2017

ARCHITEKT TOM LECHNER
Die Frage nach dem „Wieviel" an Bewahrung und Erneuerung bedeutet einen ständigen Grenzgang, den es mit sehr viel Fingerspitzengefühl auszuloten gilt.

Die 1100-Einwohner-Gemeinde Schleedorf positioniert sich als Modelldorf für lokales, regionales und nachhaltiges Leben und Wirtschaften. Einer der Musterbetriebe ist die Schneiderei Wimmer, 1741 gegründet und damit zu den ältesten Handwerksbetrieben Salzburgs zählend. Dank guter Auftragslage wurde die Frage nach einer räumlichen Expansion des Betriebes akut, vor allem um Raum zur adäquaten Präsentation der feinen Stücke zu schaffen. Nur zehn Meter entfernt stand das Elternhaus, die Keimzelle des Betriebes, seit Jahren leer. Eine zunächst unüberbrückbar erscheinende Entfernung, wie Herr Wimmer erzählt. Baumeister Manfred Steinlechner, ein langjähriger Kunde, der dann auch die Bauleitung übernahm, empfahl

Architekt Tom Lechner. Auslotend, wie viel an Veränderung verträglich ist, ohne ein Ungleichmaß zwischen Altem und Neuem entstehen zu lassen, überbrückte dieser die Distanz zwischen den Häusern mit einem freistehenden Betontisch und einer Stahl-Glaskonstruktion. In einem ein reizvollen, ungekünstelten Miteinander von Alt und Neu, einem schönen Spiel von innen und außen wird eine Familien- und Firmengeschichte fortgeschrieben und ein Impuls für das „Zukunftsdorf" gesetzt.

Seniorenwohnhaus Sankt Cyriak, Pfarrwerfen

Dorfwerfen 184, 5452 Pfarrwerfen

Bauherrschaft
Gemeindeverband Seniorenwohnhaus
Pfarrwerfen/Werfenweng: Bgm. Bernhard Weiß
Architektur
Arch. DI Gerhard Mitterberger ZT GmbH, Graz
Wettbewerb
2014
Fertigstellung
2016

Kein externer Dienstleister, sondern der Gemeindeverband selbst betreut das Seniorenwohnhaus, das auf einer Wiese auf Kirchengrund erbaut wurde. Von Beginn an konnten daher die künftigen Mitarbeiter in den Entstehungsprozess miteingebunden werden. Gut integriert ist auch das dörfliche Umfeld, räumlich wie gesellschaftlich. Das ist nicht zuletzt dem nicht eingezäunten Freibereich zu danken, über den zum Beispiel die täglichen Wege der Schulkinder führen, die so nahe an den Aufenthaltsbereichen der einzelnen Wohngemeinschaften für willkommene Abwechslung und Belebung sorgen.

Die Fassade aus rauen Lärchenbrettern verankert das Gebäude auch optisch gut im ländlichen Raum. Ein einladender Vorplatz bildet den Auftakt für ein Haus, in dem die Öffentlichkeit willkommen ist. Er führt in das einladende Foyer, das zugleich als Pfarrgemeindesaal dient und das mittels Schiebeelementen die angrenzende Kapelle räumlich zu erweitern vermag. Dank integrierter Bar, flexibler Möblierung und entsprechender technischer Infrastruktur kann von Großveranstaltungen bis zu Feiern in intimerer Runde ein passender gastlicher Rahmen geboten werden. Warm und hell ist die Atmosphäre im Haus, auch dank viel Holz an Böden, Wänden und Decken, das die Wohnlichkeit und den familiären Charakter des Hauses unterstützt.

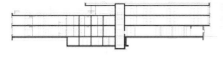

STATEMENT DER NOMINIERUNGSJURY
Durch den Neubau des Wohnheimes entstand ein adäquater neuer Lebens-raum für die Dorfbewohner, in dem das Leben in Normalität oberste Priorität hat.

© Zita Oberwalder

Dorfkernrevitalisierung Mils

Dorfplatz 1, 6068 Mils

Bauherrschaft
Gemeindebetriebe Mils GmbH:
Amtsleiter Roland Klingler
Architektur
DIN A4 Architektur ZT GmbH, Innsbruck
Freiraumplanung
Hollaus Außenanlagen und Bau GmbH, Innsbruck
Tragwerksplanung
ZSZ Ingenieur ZT GmbH, Innsbruck
Beteiligungsprozess
nonconform, Wien
Wettbewerb
2014
Fertigstellung
2016

Wiewohl der Gemeinderat bereits ein Raumprogramm erarbeitet hatte, sollte die Entscheidung über die neue Ortskerngestaltung nicht im stillen Kämmerlein gefällt, sondern den Bürgerinnen und Bürgern Gelegenheit zur aktiven Mitsprache gegeben werden.

Das geschah in einer Kombination aus Bürgerbeteiligungsprozess und Architekturwettbewerb. Innerhalb von zwei Tagen wurde im Zusammenspiel von Bevölkerung, Gemeindevertretung, geladenen Architektenteams und der Wettbewerbsjury die Aufgabenstellung präzisiert und wenige Wochen später der darauf aufbauende Architekturwettbewerb in einer öffentlichen Jurysitzung entschieden.

Kernstück ist der verkehrsberuhigte Dorfplatz, der Bestehendes wie Kirche und Volksschule sowie Neues barrierefrei verbindet. An Neubauten hinzu kam einerseits ein Haus für Betreutes Wohnen, das auch die öffentliche Bücherei und eine Zahnarztpraxis aufnimmt und andererseits das eigentliche gesellschaftliches Zentrum des Ortes. Es besteht aus dem Pfarrsaal und einem Café-Restaurant, die mit einem ein Geviert bildenden Flugdach verbunden sind. Diese Pergola umfasst eine Platzfläche, die mittels mobilem Textildach und auch seitlich mit Faltelementen vor den Unbilden der Witterung geschützt werden kann und rund um das Jahr für Aktivitäten jedweder Art nutzbar ist.

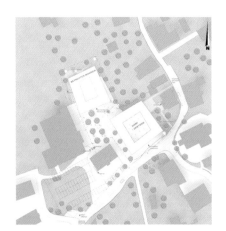

Wohnanlage F49, Innsbruck

Fürstenweg 49, 6020 Innsbruck

Bauherrschaft
Weinberg Bauträger & Projektentwicklungs GmbH,
Innsbruck: Monika Froschmayr
Architektur
wiesflecker-architekten zt gmbh, Innsbruck /
Michael Kritzinger Architekt, Innsbruck
Wettbewerb
2013
Fertigstellung
2016

„Wir sind die Anwälte unserer Kunden", sagt Bauherrin Monika Froschmayr, „daher wollen wir etwas bauen, was uns auch selbst Freude macht." In der Tat erfreut die Eigentumswohnanlage am Fürstenweg mit einer Reihe an Details, die weit über den üblichen Standard im Wohnbau hinausgehen. Die große Herausforderung bestand allerdings in der Findung einer verträglichen strukturellen Lösung für die schmale Z-förmige Baulücke inmitten von Fragmenten älterer Blockrand- und Zeilenbebauungen. Im geladenen Wettbewerb konnten die Architekten damit überzeugen, dass sie das Bebauungsmuster der Umgebung weiterstricken und an die Feuermauern der Nachbarhäuser andocken.

Um Platzraum freizuspielen kumuliert die Bebauung in der Grundstücksmitte in einem neungeschossigen Turm. Das angenehme Außenraumambiente kommt auch den Nutzern des öffentlichen Geh- und Radweges, der das Grundstück quert, zugute. Mit einer hohen Aufenthaltsqualität können die hellen Stiegenhäuser und Gänge aufwarten. Sorgfältig an und in den Sichtbeton gefügte Brüstungen aus schwarzem Stahlblech, Holzhandläufe und raumhohe Eichentüren mit integrierter Gangbeleuchtung zeugen davon, dass dem Detail ebenso viel Aufmerksamkeit geschenkt wurde wie dem großen Ganzen.

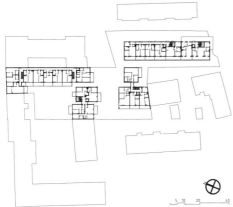

5 10   20   40

© David Schreyer

Vereinshaus Fontanella

Faschina Straße 19, 6733 Fontanella

Bauherrschaft
Gemeinde Fontanella: Bgm. Werner Konzett
Architektur
Gohm Hiessberger Architekten, Feldkirch
Tragwerksplanung
zte Leitner, Schröcken
Wettbewerb
2013
Fertigstellung
2016

Im höchstgelegenen Ort im Großen Walsertal ist Baugrund rar und steil. So sparsam wie möglich mit Grund und Boden umzugehen lautete demnach auch die Vorgabe im geladenen Wettbewerb für die neue gemeinsame Heimstatt von Bergrettung, Feuerwehr und Trachtenkapelle. Sie ist eine Investition in die Zukunft, denn trotz der extremen Lage am Faschinajoch ist Fontanella das demografisch jüngste Dorf in Vorarlberg und erfreut sich eines regen Vereinslebens. Rund ein Viertel der Bevölkerung repräsentieren allein die 124 Mitglieder dieser drei Vereine. Mit Sensibilität für die kleinmaßstäbliche Körnung des Dorfes gliederten die Architekten Gohm Hiessberger das Bauvolumen in zwei Baukörper: giebelständig zum Tal, wie die anderen Häuser in der Nachbarschaft. Der Hof, den sie umfangen, ist eine der wenigen ebenen Flächen in der Gegend. Das kommt den Mannschaften im Einsatz- und Übungsfall entgegen, bietet aber auch Raum für gemeinsame Feste. Sparsamkeit war gefragt, also packten die Vereinsmitglieder, unter denen sich Vertreter fast aller Gewerke finden, an und bewerkstelligten unter anderem den gesamten Innenausbau in Eigenregie. Und so ist das Ensemble von zwei Häusern und einem Platz auch ein Symbol für ein engagiertes Miteinander.

BÜRGERMEISTER WERNER KONZETT

Mit dem Bau unseres Vereinshauses macht sich Aufbruchstimmung in Fontanella breit. Den Mehrwert des neuen Dorfelementes spüren alle – unser Dorf ist definitiv um ein Stück Identität reicher.

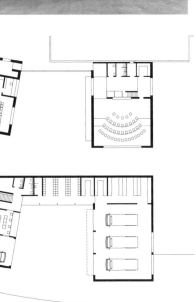

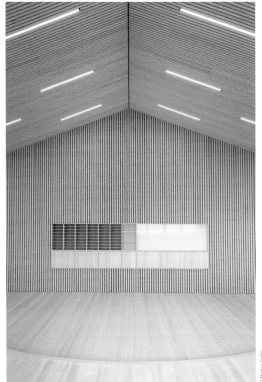

© Markus Gohm

EINREICHUNGEN

PROJEKT	ARCHITEKTIN	BAUHERRSCHAFT

WIEN

Bildungscampus Aspern Seestadt Teil 1	ZT Arquitectos LDA / Zinterl Architekten ZT GmbH	Bundesimmobiliengesellschaft m.b.H.
Erste Campus	Henke Schreieck Architekten ZT GmbH	Erste Group Bank AG
ÖAMTC Zentrale	Pichler & Traupmann Architekten ZT GmbH	ÖAMTC
Bürohaus der Arbeiterkammer Wien	CPPArchitektur Ceska Priesner Partner Architektur / fellerer-vendl architekten	AK Wien
Kindergarten Borromäerinnen	Trimmel Wall Architekten ZTGmbH	SCB, Kongregation der Barmherzigen Schwestern vom hl. Karl Borromäus, Haselbrunnerstraße Wien
HB3 | Wohnen am Heuberg	X42 Architektur ZT GmbH	HB3 Immobilien GmbH
Hotel Caroline	BWM Architekten und Partner ZT GmbH	Privatstiftung Sucher
HOERBIGER Firmencampus	querkraft architekten	HOERBIGER Holding AG
UN/COMMON SPACE	the next ENTERprise Architects ZT GmbH (tnE Architects)/selbstständig, ehem. tnE Architects	SOWE 11 Immobilienverwaltung GmbH
Universität für Bodenkultur Wien	Architekt Neumayer ZT GmbH	Bundesimmobiliengesselschaft m.b.H
Villa am Rande des Wienerwaldes	GROH-WAGNER Architekten / RATAPLAN-Architektur ZT GmbH	RB-Privatstiftung
Neubau Lycee Francais und Restrukturierung Studio Moliere	DIETMAR FEICHTINGER ARCHITECTES / RSA - Projektleitung Wien für DFA	Lycee Francais de Vienne / AEFE Paris
Kinderarztpraxis Dr. Konrad Pillwein	MakiOrtner	Dr. Konrad Pillwein, Dr. Ursula Köller
Zubau der Volksschule Esslinger Hauptstr.	NMPB Architekten	Stadt Wien vertreten durch MA 19
ERG Donaustadt	Architektin Sne Veselinovic ZT GmbH	WBV-GPA Wohnbauvereinigung für Privatangestellte gemeinnützige GmbH

NIEDERÖSTERREICH

MAHNMAL BADEN	ASAP - HOOG PITRO SAMMER / Künstler	Kulturabteilung der Stadtgemeinde Baden
Mörwald Hotel am Wagram	cp-architektur	Mörwald Holding GmbH
Evangelische Kirche Mitterbach	Beneder / Fischer Architekten	Evangelische Pfarrgemeinde Mitterbach
Dorfmitte Texingtal	Architekturbüro Dollfuß	Gemeinde Texingtal
Catering Pavillon Wolke 7	the next ENTERprise Architects ZT GmbH (tnE Architects)/selbstständig, ehem. tnE Architects	Grafenegg Kultur Betriebsges.m.b.H.
Zubau Weingut Edlinger	peter reiter architekten zt-gmbh	Edlinger und Unger GmbH
Ersatzneubau IFA Tulln	ARGE Delta SWAP	Bundesimmobiliengesellschaft m.b.H.

OBERÖSTERREICH

Seniorenzentrum Liebigstraße	Karl und Bremhorst Architekten	GWG Gemeinnützige Wohnungsgesellschaft der Stadt Linz GmbH / Gebäudemanagement
Sozialzentrum Kallham	ARCHITEKTEN: GÄRTNER + NEURURER ZT GMBH	Sozialhilfeverband Grieskirchen / Gemeinde Kallham / Marktgemeinde Neumarkt im Hausruckkreis / Gemeinde Pötting
Of(f)'n Stüberl Linz	URMANN RADLER ZT GmbH	Evangelische Pfarrgemeinde A.B. Linz - Innere Stadt / Evangelische Stadt-Diakonie Linz
Busbahnhof Attnang-Puchheim	Architekturbüro Gilhofer	Stadtgemeinde Attnang-Puchheim
Fokus Pfarrheim Sierning	Architekturbüro ARKADE ZT gmbh	Pfarre St. Stephanus Sierning
Kindergarten Rohrmayrstraße	lepschi-architektin	Immobilien Linz GmbH&CoKG
Turm Lange Allee	Architekten Kneidinger ZT GmbH/ Stögmüller Architekten ZT GmbH	Neue Heimat OÖ

PROJEKT	ARCHITEKTIN	BAUHERRSCHAFT
BURGENLAND		
Justizzentrum Eisenstadt	YF architekten zt gmbh	Bundesimmobiliengesellschaft m.b.H
Neugestaltung Kirche Neuhaus in der Wart	Doris Dockner Interior Architecture & Artworks, Graz / Tritthart+Herbst Architekten, Graz	Pfarre Neuhaus in der Wart / Diözese Eisenstadt Bauamt
STEIERMARK		
Raiffeisenbank Irdning	KREINERarchitektur ZT GmbH	Raiffeisenbank Gröbming eGen
Wilder Mann	love architecture and urbanism	PLUTO-Immobilienentwicklung
Holzwohnbau Hummelkaserne	sps-architekten zt gmbh	ENW - Gemeinnützige Wohnungsgesellschaft mbH
Die Eggenberge	Pentaplan	SOB Bauträger GmbH
Bildungszentrum Pestalozzi	nonconform zt gmbh / schulRAUMkultur	Infrastrukturentwicklungskommanditgesellschaft der Stadtgemeinde Leoben
Lendhotel	LAM ARCHITEKTUR ZT GMBH	Dr. Helmut Marko GmbH
Bildungscampus Algersdorf	ARGE Mesnaritsch I Spannberger	GBG Gebäude- und Baumanagement Graz GmbH
mineroom Leoben - Studierenden-Wohnheim	aap.architekten ZT-GmbH	Gemeinnützige Wohn- und Siedlungsgenossenschaft Ennstal reg.Gen.m.b.H. Liezen
Franziskanerkloster Graz, Umbau u. Erweiterung	HoG architektur ZT GmbH	Convent der P.P. Franziskaner in Graz
Zu- und Umbau Bezirksgericht Deutschlandberg	Ederer+Haghirian Architekten	ARE Austrian Real Estate GmbH
Zu- und Umbau Bezirksgericht Feldbach	Ederer+Haghirian Architekten	ARE Austrian Real Estate GmbH
LKH-Univ. Klinikum Graz, Versorgungszentrum, Zentralsterilisation	Ederer+Haghirian Architekten/ Croce+Klug/ Croce+Klug/ Kopper	Steiermäkische Krankenanstaltenges.mb.H, Techn. Dienstleistungszentrum, Krankenanstalten Immobiliengesellschaft m.b.H
Eisstadion Graz Liebenau	MA-Quadrat/ Ederer+Haghirian Architekten	Stadion Graz Liebenau Vermögensverwertungs- und Verwaltungsgesellschaft m. b. H.
Frauenhaus Graz	leb-idris architektur	Abteilung für Immobilien / GBG / Stadtbaudirektion
Basilika und Geistliches Haus, Mariazell	Feyferlik/Fritzer	Superiorat Mariazell
KÄRNTEN		
Wohnbau Einigkeitsstraße	winkler+ruck architekten / Architekturbüro Ernst Roth	Kärntner Siedlungswerk
Zubau Schauraum Firma Rekord Fenster Stadelbach	Pilzarchitektur	Rekord Fenster
KASLAB'N Nockberge - Schaukäserei	Hohengasser Wirnsberger	Kaslab'n Nockberge
magdas LOKAL	murero_bresciano architekten	Caritas Kärnten
Getreidespeicher Taggenbrunn	Trecolore Architects, Architekturbüro Dorn ZT GmbH	RAA Projekt Invest GmbH
Haus Sternberg	Arch+More ZT GmbH	DI Gerhard Kopeinig
Fernheizkraftwerk Klagenfurt, Neu- und Umbau Heizzentrale	Architekturbüro Wetschko	Stadtwerke AG Klagenfurt
HAK / WIMO Klagenfurt	Architekturbüro Eva Rubin / Bauleitung: Isopp+Scheidenberger PlanungsGesmbH	Bundes Immobiliengesellschaft / Bundesministerium für Bildung - LSR Kärnten

SALZBURG

Projekt	Architektin	Bauherrschaft
Leierhof	Maximilian Eisenköck Architektur	Fabian Schroeder
Sporthalle Lieferung	Karl und Bremhorst Architekten	SIG - Stadt Salzburg Immobilien GmbH
Schneiderei Wimmer	LP architektur ZT GmbH	Stefan und Monika Wimmer
Probebühne/Werkstätten Salzburger Landestheater	Architekturwerkstatt Zopf	Salzburger Landestheater
Seniorenwohnhaus Sankt Cyriak Pfarrwerfen / Werfenweng	Architekt DI Mitterberger Gerhard ZT GmbH	Gemeindeverband Seniorenwohnhaus Pfarrwerfen /Werfenweng
Lindenapotheke	Tina Urban Architektin	Lindenapotheke / Architektin
Holztechnikum Kuchl - HTL	LP architektur ZT GmbH	Holztechnikum Kuchl Betriebsges.m.b.H.
Boulderbar Salzburg	hobby a. schuster&maul	Stefan Kieninger

TIROL

Projekt	Architektin	Bauherrschaft
VAD - Volksschule Absam Dorf	Schenker Salvi Weber Architekten	Gemeinde Absam
Dorfkernrevitalisierung Mils	DIN A4 Architektur ZT GmbH	Gemeindebetriebe Mils GmbH
Neubau Wohn- und Pflegeheim Nußdorf-Debant	Ma-Quadrat Mariacher&Partner ZT KG	GV Bezirksaltenheime Lienz
Dolomitenbad Lienz	Machné & Glanzl Architekten	Gemeinde Lienz
Hotel die Berge	peter reiter architekten zt-gmbh	Pult Hotel GmbH
Umbau Haus Scheitz mit (Spiel) Stadel und Neubau einer Wohnanlage in Lienz	Machné & Glanzl Architekten	Bau- und Siedlungsgenossenschaft Frieden reg.Gen.mbH
EIN SCHMALES HAUS	Architekt Geri Blasisker	Leonice Knapp
MPreis Retterwerk	Büro Silvia Boday	Mpreis Warenvertriebs GmbH
Fürstenweg 49 (Troppacher-Areal)	wiesflecker-architekten zt gmbh/ Michael Kritzinger Architekt	Weinberg Bauträger & Projektentwicklungs GmbH

VORARLBERG

Projekt	Architektin	Bauherrschaft
Sägerbrücke	Architekturwerkstatt Dworzak-Grabher	Stadt Dornbirn / Land Vorarlberg, Straßenbau
Vereinshaus Fontanella	Gohm Hiessberger Architekten	Gemeinde Fontanella
Kapelle Salgenreute	Architekt Bernardo Bader ZT GmbH	Gemeinde Krumbach
Erweiterung Schule Marienberg	Fink Thurnher Architekten	Schulträgerverein Marienberg
Kindergarten am Entenbach	Architekt Bernardo Bader ZT GmbH	Marktgemeinde Lauterach
büro rona:systems	Gahleitner Architekten	rona:systems gmbh
Reihenhaus LG	Architekturwerkstatt Dworzak-Grabher	Christine Grabher, Grete Lingg, Albert Lingg
Safeside Headquarter	HAMMERER ztmbh	Safeside Consulting GmbH
Messehallen 09-12	Marte.Marte Architekten	Messe Dornbirn GmbH

DIE JURY

Tina Gregorič
ist Professorin für Gebäudelehre und Entwerfen an der TU Wien. Mit Aljoša Dekleva betreibt sie das 2003 gegründete Architekturbüro dekleva gregorič arhitekti in Ljubljana. Konzeptuell und experimentierfreudig ist die Herangehensweise des Büros, dessen Werk bereits mehrfach ausgezeichnet wurde, unter anderem mit dem Nachwuchs-Preis „Europe 40 under 40 Award", der Plečnik-Medaille 2008 sowie viermal mit Nominierungen für den Mies van der Rohe Award der Europäischen Union (2009, 2013, 2015, 2017).

Franziska Leeb
arbeitet freiberuflich als Architekturpublizistin in Wien und ist Mitglied des Vorstands der ZV der Architektinnen/Landesverband für Wien, NÖ, Burgenland. Von 1996 bis 2003 freie Mitarbeiterin der Tageszeitung *Der Standard*, danach drei Jahre lang Geschäftsführerin von *ORTE Architekturnetzwerk Niederösterreich*. Seit Jahren regelmäßig Beiträge für das *Spectrum* der Tageszeitung *Die Presse* und Tätigkeit als freie Mitarbeiterin bei *architektur.aktuell*.

Richard Manahl
gründete 1985 mit Bettina Götz das gemeinsame Büro ARTEC Architekten in Wien. Materialechtheit und die Absenz des Überflüssigen kennzeichnen ihre Arbeiten, viele davon im Segment des geförderten Wohnbaus. 2005 erhielten Sie den Preis der Stadt Wien für Architektur, etliche ihrer Bauten wurden von aufgeschlossenen Bauherren ermöglicht und mit Bauherrenpreisen gewürdigt. 2015 hatte Richard Manahl eine Gastprofessur an der Università Iuav di Venezia inne, 2017 an der ENSA Paris Val de Seine.

Die feierliche Preisverleihung und erste Präsentation sämtlicher Einreichungen
fand am 17. November 2017 im Rahmen eines feierlichen Festaktes zum 50-Jahr-Jubiläum
im Odeon-Theater in Wien statt, veranstaltet vom ZV-Landesverband Wien.